中学历史深度学习的教学实践与探索

陈金梅　著

吉林人民出版社

图书在版编目(CIP)数据

中学历史深度学习的教学实践与探索 / 陈金梅著.

长春:吉林人民出版社,2024.8.--ISBN 978-7-206
-21373-1

Ⅰ. G633.512

中国国家版本馆 CIP 数据核字第 20240DQ417 号

中学历史深度学习的教学实践与探索

ZHONGXUE LISHI SHENDU XUEXI DE JIAOXUE SHIJIAN YU TANSUO

著　　者:陈金梅

责任编辑:金　鑫

封面设计:豫燕川

出版发行:吉林人民出版社(长春市人民大街 7548 号　邮政编码:130022)

印　　刷:唐山才智印刷有限公司

开　　本:787mm×1092mm　　1/16

印　　张:9.75　　　　　字　　数:132 千字

标准书号:ISBN 978-7-206-21373-1

版　　次:2025 年 6 月第 1 版　　印　　次:2025 年 6 月第 1 次印刷

定　　价:68.00 元

前　言

在知识与科技激烈竞争的时代,创新是民族进步的灵魂,是国家兴旺发达的动力。如果不去创新,一个民族就难以发展起来,难以屹立于世界民族之林。所以,要迎接新的挑战,最重要的是要坚持自主创新。创新的关键在人才,而人才的成长又靠教育。因此,深化教育改革、培养创新型人才就成为国运兴衰的关键。在教育过程中,每门学科都应培养学生的创造性思维能力,历史学科同样担负着独特而重要的职责。

历史教学不仅是为了传播传统文化和历史知识,更是为了让中学生在学习历史的过程中形成正确的荣辱观,并对史实持有客观的态度,对我国优秀的民族文化产生自豪感、荣誉感。历史教学论不是一门纯理论学科,作为一个相对独立的理论体系,它必须兼顾"怎样有效地教"和"怎样有效地学"。它要有针对性地研究历史课程教与学的特殊规律,还应密切关注历史教学实践,探讨用教学的一般规律和历史教学的特殊规律去指导教学的方法和策略。也就是说,历史教学论既要坚持历史学科教学理论研究,又要在理论成果的指导下开展应用研究,以解决历史教学实践中某些带有普遍性的问题。但必须明确的是,历史教学论的应用研究并不是要给一线教师开出具体的教学处方,而是要为教师的教学实践提供学科教学理论支撑。

学习历史可以让学生了解人类的发展历程、认识人类文明的发展规律,培养学生的历史思维能力和创新精神,在素质教育中发挥着不可替代的作用。采用什么样的教学方法能更好地完成历史教学任务,是每位历史教师不得不思考的问题。中学历史的深度学习是指在问题引领下,在深度思维的参与下,追求历史学习本真的高品质学习。它主要表现为学习主体内在动机的充分激发、个体思维的有效激活和集体智慧分享的高效运转,使学生能够深入了解历史知识本质,获得历史核心素养的发展。

　　本书从思考中学历史新课标构建的历史课程体系入手,以探索深度思维参与下的高品质学习的历史课堂为教学目标,重点探讨历史课堂的教与学。同时,笔者结合自己多年的教学经验,对中学历史深度学习的教学理论、方法和实践进行探索并加以阐述。愿本书为中学历史学科的教学实践提供有益帮助,书中不妥之处,敬请指正。

目　录

第一章

深度学习的概述

第一节　深度学习的概念

一、学习的定义

目前,教育学和心理学的研究者对于学习有着不同的定义。笔者经过归纳,将学习的定义概括为两方面:一方面,将学习行为的定义概括为人类个体在习得阶段对各种知识的获取;另一方面,将学习行为的定义概括为一个有益的过程,这个过程可以增强和保持学习行为主体的相关潜力。

以上两个定义,第一个是关于学习行为中知识获取的,第二个是关于知识获取过程以及知识给学习者带来的变化。因此,笔者认为把学习定义为后一种更为全面。

从心理学角度来看,人类的学习过程是非常复杂的,既涉及个体的内部过程,也涉及个体的外部过程。根据本书的内容,笔者将其分为浅层学习和深度学习。

二、浅层学习与深度学习

(一)浅层学习的定义

浅层学习是一种简单的知识记忆、思维方式和无思维的应用的学习方法。浅层学习的特征是学生被动地、机械地、孤立地记忆教师教授的知识,往往没有深入理解知识,因而无法灵活运用知识。

(二)深度学习的定义

深度学习(Deep Learning)最初是对学生的学习结果进行分层而得出的概念。深度学习离不开浅层学习,深度学习和浅层学习的特点如表1-1所示。

表1-1　浅层学习与深度学习的特点

浅层学习	深度学习
依赖于记忆能力,是对知识的机械性记忆	依赖于思维能力,对所学知识能做到较高程度的内化
解决问题依靠记忆已有的方法或方式,存在思维定式	掌握解决问题的方式,能认知到解决问题的内在因素,以思维解决问题
难以理解新的解释和思想	对新的解释和思想接受能力较强
无法在学习过程中取得愉悦和成就感	积极进行学习并乐于学习,在学习后能得到成就感
几乎对学习过程没有掌控,很难纠正学习过程中所犯的错误	对学习过程有监控和纠错能力,在学习后能对整个过程进行反思
在学习后收获成果较少	学习后通常能概括、解释或论证所学习的内容
很难看出问题的本质与规律	能逻辑性地思考问题,对问题进行推理;能感知问题的本质甚至利用规律解决问题
解决问题时的灵活性很低,很难将知识应用到解决问题的过程中	能用多种方式将所学知识应用到解决实际问题的过程中
很少全面、系统地看待事物	能全面、系统地看待事物,能找出事物之间的联系
建立知识体系的系统性差,很难对所学的知识进行总结和归纳	能较好地建构所学知识结构,知识体系的系统性强,并能较好地将所学知识迁移到新的学习过程中
是一种被动学习,目的在于完成任务或取得较高的分数,在学习过程中较为孤立	是一种主动学习,目的在于学习知识并锻炼思维能力,乐于与教师和同学分享交流

从表中我们可以看出,虽然深度学习比浅层学习有更多的优势,但深度学习取决于学习者的思维能力,只有具备一定的思维能力,学生才能进行深度学习。

综上所述,深度学习是指学习者在理解学习的基础上批判性地学习新的思想和事实,并将它们整合到原有的认知结构中,将许多思想联系起来,把现有的知识转移到新的情境中做出决策和解决问题的学习。

(三)深度学习与浅层学习的比较

学习实际上是一个由浅到深的连续过程。一般来说,浅学是深学的基础。学生必须调动简单记忆,以基础知识为铺垫,解决难题,才能进行深度学习。

深度学习与浅层学习的特征对比如下表 1-2 所示。

表 1-2 深度学习和浅层学习的对比

	深度学习	浅层学习
记忆方式	强调理解基础上的记忆	机械记忆,死记硬背
知识体系	建立新旧知识之间的联系,更关注知识表征符号背后的逻辑和意义	知识孤立零散,只关注知识的表层意义
关注焦点	关注解决问题所需的中心论点和核心概念	关注解决问题所需的外在线索、公式及概念知识
投入程度	主动学习	被动学习
反思状态	对学习效果、自我学习过程、问题解决进行自我反思	缺少反思
迁移能力	能把所学知识迁移应用到生活中真实复杂的情境里	不能灵活运用所学知识
思维层次	高阶思维	低阶思维
学习动机	主要为内在动机	主要为外在压力

对比表格中深度学习和浅层学习中学生的学习表现,经过分析可以得出下列研究结论:

1.深度学习是主动性的学习

在两种学习风格下,学习者的学习动机是不同的。学习者的浅层学习动机来自外部——为了得分和他人的认同,一旦出现波动,他们的动机就会减弱。而深度学习强调积极的终身学习,学习动机源于自我发展,不会轻易受到影响,是一种有自我存在感的、有价值的学习。通过学习知识,我们可以提高自己的能力和素质,逐步养成良好的思维习惯。

2.深度学习是理解性的学习

浅层学习是指学习者以一种模式浅层地掌握知识、浅层地进行机械化记忆，用大量时间巩固记忆。而深度学习强调理解学习，自己经过思考后提出问题，批判性地看待事物，并挖掘隐藏在知识背后的思想，学习者不再只是机械记忆，而是用思维方式来看待和理解问题。

3.深度学习是体系化的学习

浅层学习下，学习者建构的知识结构简单，不注重关联性，没有与日常经验相结合。它只是一种简单的知识积累，难以形成系统，在解决问题时容易造成混乱。深度学习强调知识之间的联系，它在现有知识的基础上，对获取的新信息进行整合，构建新的知识体系或将其整合到现有的知识体系中，不断建立知识层次。

4.深度学习是反思性的学习

浅层学习往往缺乏独立思考的过程，只是简单地重复学过的内容，没有突破。而深度学习强调及时反思学习，学习者拥有明确的自我意识，通过教师的指导，学习者会及时反思自己存在的问题，从而准确、高效地达到高质量的学习效果。

总之，深度学习是一种关注学习者内在阶梯式发展，引导学习者积极接受知识，使其具有清晰的理解、迁移和应用能力的学习。

教师应该引导学生灵活地使用浅层学习和深度学习，辨别新知识是否需要学习者具有学习基础和自然体验，从而达到学习者创造性学习的目的。

三、深度学习的层次

根据认知目标，深度学习可分为下面几个层次：

层次一：知道(Know)。这一层次侧重知识的简单记忆，如对事实的记忆、方法的重复、过程的识别、概念的再现等。

层次二：领会(Understand)。这一层次的重点是考查学习者是否能够理解学习材料的实际意义和中心思想，是否理解材料的本质。这里，学习者的理解程度体现在三种形式上：①转化：学习者按照自己的想法描述知识，以不同于学习材料的方式表达材料的内容和意义；②说明：学习者结合自己对学习材料的理解进一步说明学习材料；③推理：学习者结合学习材料和自身固有知识分析材料模块之间的关系，并客观预测其趋势。在理解层面上，它已经从学习者对知识的简单记忆提升到对知识的基本理解。

层次三：应用（Application）。这一层次是将学习者获得的知识扩展到新的应用环境中，反映了学习者对知识的进一步理解。

层次四：分析（Analysis）。这一层次侧重将获取的知识分解为清晰的知识，并变成知识元素的集合。同时，它可以定义和描述多个要素之间的有机关系，合理分析和理解要素之间的组织原则。这一层次可以反映学习者对知识的更高应用，学习者不仅需要对知识内容有深入的理解，还应掌握知识模块结构与不同模块之间的有机关系。

层次五：综合（Comprehensive）。在这一层次，经过知识的内化，学习者将所有知识模块加工成一个有机的整体，用来制定解决问题的方案，并总结一些错误的逻辑关系。这一层次侧重考查学习者利用现有知识进行再创造的能力和水平。

层次六：评价（Evaluation）。学习者将内化的知识结合起来，根据客观标准对其他事物进行评价和判断，这是深度学习的最高水平。

四、深度学习的特征

（一）知识的识别与转化

知识的识别与转化是指对已有知识进行提取、识别，再整合到新知识中去，实现新旧知识之间的关联。

学生在学习的过程中，首先要处理的就是新知识与以往学习经验之间的相互转化问题，利用以往的学习经验来进行当前的学习，在当前的学习内容与以往的学习经验之间建立起一种关联，将所学知识转化为学生自身容易理解、接受并能熟练掌握的内容。

知识转化的过程实际上是知识重新整合的过程,学生要通过自身理解、记忆以及相互转化、关联对所学知识进行吸收。

(二)知识的体验与感知

知识的体验与感知是深度学习的核心部分,强调的是学生全身心地投入去理解知识,主动去感受知识所呈现的情境。

学生自发的活动是学生全身心投入课堂教学的内在体现。学生的学习不是被动接受,也不是自身盲目学习,而是主动地、有目的地学习,它需要学生作为教学活动的主体全身心地投入其中,体验其中的乐趣。

学生想要成为学习的主体,就得积极地参与教学活动,通过自身的观察、思考和感受去了解知识的发现、形成和发展过程。这一点在教学实践中很容易被忽视,因为学生习得的知识往往只是在人类所了解知识的基础上开始的,无法体验知识的形成发展过程。在教学实践中,通常情况下是师生直接进入概念和原理部分,知识传递成了目的,教师直接对知识进行传授,忽视了知识发展的过程学习。

学生对知识的感知尤其重要。但是,学生的这种教学体验不可能回到人类最初发现知识的时空,因此教师需要精心设计教学内容和过程。

学生可以大致模拟人类发现知识的主要环节,将数字符号还原为现实,将静态知识转化为动态知识,真正体验知识本身的内涵和意义。这是学生探索、发现和体验的过程,是学生课堂情感的最大发挥。

(三)知识的分析与加工

知识的分析与加工是指对所学内容进行更深层的处理,这就要求学生在理解的基础上掌握所学内容的本质属性,并把握其内在联系。

把握事物本质就是对所学内容进行深度加工的过程。学生所学、所了解的事物本质不是直接通过教师的文字描述,而是通过学生自身的活动去把握,如质疑、探究、归纳、体验等,在自身与所学内容间建立一种关联,只有这样,才能理解事物的本质。而把握事物的本质则要求学生在解决问题时应具备深刻而敏捷的思维能力,不仅能够由"简"到"繁",更能举"一"反"三"地学习,从而形成对所学内容深度加工的能力,最终达到提高思维能力的目的。

(四)知识的迁移与应用

知识的迁移与应用是指将所学知识从教学活动中应用到生活实践中去。学生通过创新、综合运用,将所学知识转化为个人经验、实践能力。

学习的过程自然会产生迁移,这种迁移是检验学习效果的最佳途径。事实上,学习上的迁移是一个循环过程,学生将所学知识迁移应用到实际中来,又将实际问题迁移到学习中解决,如此循环,形成一个高效的系统,使学习变得深刻而生动,这也大大提高了学生学习的主动性和积极性。

迁移是对加工的验证,与转化之间是相互对应的,有了对知识的转化才能实现迁移,才能更好地应用于实际。

在深度学习中,迁移是对以往经验的扩展与提升,是将现有知识与以往经验的科学结合,是将升华提炼后的知识具体化、操作化的过程,体现了学生的学习成果。迁移将教学活动应用到实际生活,体现了教育的重要意义,为学生的成长和发展做了铺垫。

(五)知识的评价与价值

知识的评价与价值是指通过对所学知识进行批判、评价,形成正确的人生观、价值观,培养自主发展的核心素养。教育是培养人的活动,以人的成长作为终极目标。深度学习是指通过教学活动使学生自觉学习,形成科学的人生观、价值观。在教学活动中,教师要引导学生在课堂情境中进行批判性学习,形成对事物辩证分析的能力。

学生学习知识是为了更好地应用,因此学习的过程也是学生不断成长的过程,学生对事物的反思、批判、评价素养也伴随着这一过程逐步形成。

学生通过评价能意识到自身的不足与局限。在深度学习的过程中，学生慢慢对知识的价值，既能应用，又能跳出其局限；对知识的索取，既能主动面对，又能客观分析；对知识的学习过程，既能认真对待，又能合理批判的品质，是学生应具备的素养。

学生的教育与成长是一个循序渐进的过程。在这个过程中，学生不仅学到了知识，也得到了成长。对所学知识的批判与评价，既是手段也是目的，其目的就是要使学生形成理性的思维与科学的价值观。

第二节　深度学习的理论基础

一、情境认知理论

情境认知理论认为，知识是个体根据自身经验建构意义的结果。学习是个体在与情境互动中创造意义的过程。学习应该在特定和有意义的情境中进行，并且会受到特定任务或问题情境的深刻影响。

情境通过活动创造知识，也就是说，知识是情境化的，个体通过参与实践来进行理解和掌握，在知与行的相互交错中进行构建。情境认知理论强调，学习的设计要通过教学内容与实践活动相结合的方式，让学习者在真实的情境中体验学习，将知识的获得与自身的发展有机结合。学习的目的不是单纯地掌握理论知识，而是将理论知识熟练应用到现实情境中。

这一观点反映了一种多维综合学习视角。德布洛克（Deblock）曾将学习概括为四个维度：①从事实到概念，从关系到结构；②从事实到方法，到学科方法论，再到学科本质观；③从认识到理解，到应用，再到综合；④从有限移民到中等移民，再到全面移民。第一个维度强调从事实出发创设情境，理解概念和原则，并在此基础上形成结构化知识；第二个维度强调学科的方法和过程，形成方法，拓展思路，发展基于事实的思维；第三个维度强调知识的探索、分析、应用和整合，从理论上升到应用，再从具体应用中总结提炼;第四个维度强调将知识应用于具体事物,从生活经验过渡到应用科学,并在应用中形成反思和质疑的思维模式。

深度学习所强调的知识深度加工是在特定的学习情境中,通过实践教学激发学生的学习兴趣,实现知识最大限度的应用。这可以从学生和教师两个层面分析。学生层面,学生在实践中发现问题、提出问题,学习理论知识,并将其应用到实际生活中,学以致用。教师层面,教师在教学设计上要从实际情境中提取案例,通过视频播放、实地教学等方式,使学生身临其境,激发学习兴趣,促进知识的理解与掌握。

情境认知理论强调知识与活动不可分割,知识是自身经验建构的意义结果,学习是个体在情境中创设的意义过程,它所体现的四个维度的整合与深度学习的特征相吻合。情境认知理论是深度学习得以发展的重要理论依据。同时,深度学习在情景教学方式设计、情景搭建等方面都可以从情境认知理论中找到理论支撑。

二、元认知理论

元认知是指学习者对认知活动的自我意识和自我调节,包括认识、体验、监控三个部分,其具体内容如表 1-3 所示。

表 1-3 元认知

概念	解释
元认知认识	主体对认知活动过程、结果及相关信息的认识
元认知体验	主体在认知活动中产生的情感体验
元认知监控	主体对认知活动的监控与调节

如果学生的元认知能力处于较高水平,他们就可以有效地监控和调整自己的学习过程;如果当前的学习风格影响了学习效果,他们可以及时调整自己的学习风格和学习状态,从而提高学习效率。

深度学习与元认知相互促进。一方面,学生通过整合新旧知识和经验,形成新的认知结构,反思和调节学习过程,从而促进元认知的发展;另一方面,学生通过监控和调整自己的认知过程,加强对复杂知识的理解,对存在的问题及时加以纠正,促进深度学习。

三、建构主义理论

建构主义倡导通过学习者对新知识和已有知识的互动,实现对新知识的理解;学习者要获取知识,必须对自身已有知识和经验进行主动建构,才能真正完成信息行为。深度学习模式的理论基础如下所示:

(一)建构主义知识观

建构主义知识观的主要观点可以归纳为以下几方面:

第一,不能仅仅把知识看作对客观世界的描述,其与客观世界更准确的关系是解释和假设。

第二,知识并非天生便可对世界上所有的规则进行定义。在日常的实践中,知识并非随手可得的工具,在利用时必须结合具体的问题进行再创造。

第三,知识很难以实体的形式存在,必须与特定的个人相结合。虽然知识以语言的形式加以描述,但它必须以具体事实为背景,与具体情况密切相关。

(二)建构主义学习观

建构主义学习观认为,学习过程并不是简单地将知识从教师传递给学生,真正的学习必须在特定的情况下进行。在教师的指导和帮助下,学习者通过必要的信息资源主动建构知识,这是一个有机的过程。在这个过程中有两个要素:一个是同化,另一个是适应。

具体来说,同化是指学习者在建构所学知识的过程中,将已有的知识与所学的新知识有机地联系起来,并将新知识带入已有的知识结构中,最终建构新的意义;适应是指由于学习者建构了新的知识,原有的知识必须在其固有的认知系统中被重新组织和分类。一旦学习者的新知识与固有知识发生冲突,固有结构将随着新知识的到来而被重新组织。

(三)建构主义技术应用观

在技术应用方面,建构主义观点认为,学习者真正获得的知识并非直接来自教师或技术指导,他们学习行为的核心在于学习者自身的思维。

建构主义理论认为,学习者的思维是学习的必然,学习者通过思维过程获得知识,思维的地位非常重要。为了培养学习者的思维能力,教师应该为他们提供充分的发展和成长机会,并设计相关的活动,提供技术支持。应该有与学习者的不同活动相对应的不同思维形式,这些思维形式非常广泛,包括背诵、设计、解决问题等。这些活动可以通过教师和技术的帮助来实现,但教师和技术的帮助属于间接活动,真正起作用的是学习者自身的思维。

综上所述,在建构主义理论中,学习是知识意义的建构、知识的成长、新旧经验的互动和理解的探索。因此,它符合深度学习的原则和目标,也是深度学习的理论基础。

四、认知灵活性理论

认知灵活性理论阐述了学习者怎样获取复杂知识,以及如何对这些习得的知识进行有效迁移。这同样是深度学习的有机组成部分。

认知灵活性理论不符合知识的机械限制,虽然学习者可以被动地学习和理解知识,但该理论不完全认同建构主义过于重视非结构化部分,主张概念性学习和非概念性学习并重。

认知灵活性理论的核心观点包括两个方面:首先,学习者在学习的过程之中应该先结合所学的知识为自己提供必要的建构基础材料与信息;其次,应为学习者提供知识建构的足够空间,使学习者可以结合实际问题引入针对性的认知策略。

由此可知,认知灵活性理论是针对知识的复杂性而生成的理论,该理论认为可以将学习者面对的知识分为两个大类,一类是良构知识,另一类是非良构知识。前者指的是在某一主题之下的成型的概念、定理等,具有标准化的层次;后者是指在解决具体问题时必需的知识,即应用性知识。与之相对应,可以将学习者的学习行为分为两个类别,一类是初级学习,另一类是高级学习。前者与良构领域知识对应,后者则与非良构领域对应。

由此可见,认知灵活性理论倡导学习者在理解学习的基础上能够批判性地学习新的思想和事实,并把它们融入原有的认知结构中。这与深度学习的目标不谋而合,能够为深度学习模式的构建提供很好的借鉴。

第二章

核心素养下历史教师专业素质

第一节　历史教师教学内容的设定

中学历史教材的内容主要是教师结合国家提供的历史教材和自身的专业能力,在教学活动中设计形成的历史知识信息。中学历史教学通常有一定的教学目标和课程标准,教师需要围绕国家的要求将教材内容进行再加工,形成具体的课堂教学内容,将历史教育落实到实际教学活动当中。因此,教师在设计历史教学内容时,需要充分研究教材和教学大纲,创新历史课程的教学内容,让学生对历史产生学习兴趣,提高学生的专业能力。教师在创新教学内容的过程中,需要改变过去的教学思想,充分吸收新的教学理念,创新教学的方式方法,使历史教学达到理想的效果。

一、历史课堂教学内容的创新思路

目前一些历史教师在设计教学内容时存在对历史教材理解不全面的问题,这导致了学生的学习内容过于片面。基于这个问题,教师应该从以下方面展开思考,纠正课堂教学中的不足。

第一,在中学历史课堂教学中,教师要改变单纯传授历史知识的观念,不应该一板一眼地进行教学,避免学生对历史产生畏难心理。因此,教师在进行历史课堂教学设计时,应该处理好历史知识点的难易程度,并且侧重学生分析能力的培养。

第二,教师要避免对教材内容理解不充分的情况,教学设计要符合历史教学的目标要求。例如,教师可以针对某一知识点,设计一些具有游戏性的课堂教学活动,提高课堂的趣味性,促进学生的理解。

第三,教师结合历史教材进行教学内容设计时,要根据课堂的实际情况,对教材的侧重点做出选择,并适当补充教学内容。教师可以根据自己的教学经验,结合学生的兴趣点和理解能力,调整教学内容,让教材活起来,以提高学生的吸收、理解能力。但教师对于教学内容的创新设计,不能脱离教材中的核心内容,也不能脱离教学实践。

第四,教师在设计教学内容时,应该注重对学生进行正确价值观的引导,发挥历史课程的思政教育价值。中学阶段是学生世界观、人生观和价值观形成的关键时期。而历史知识是开展德育的重要载体,丰富的历史知识能启发学生思考人生的意义,杰出的历史人物可以使学生见贤思齐,无形中触动学生的内心,给予他们向善向美的力量,提高学生的思想境界。在历史教学中,教师不应只重视历史知识体系的构建,而要想方设法突出时代背景和历史人物的活动,为学生理解历史知识提供支撑,促进学生在共情中提高道德素养。对于中学生来说,进行正面的价值引导意义重大,一味放大负面作用,容易让学生产生误解,给学生思想价值观的形成造成不良影响。

综上所述,历史教师在进行教学内容设计时,要处理好创新设计与教材内容的关系,既要围绕教材来教,又要跳出教材,对教学内容进行补充和创新,同时要利用好各类教学资源,对教材进行再加工和再创造,从而设计出生动活泼的课堂教学内容。

二、历史课堂教学内容的创新手段

在新时期课程改革的背景下,历史教师要通过大胆创新,从学生的兴趣和需求出发,围绕历史课程设计教学活动,让原本深奥的内容变得通俗易懂,以利于中学生的学习和理解。教师在对历史课堂的内容进行创新时,可以从以下方面入手。

（一）针对不同授课内容，设计不同活动，让历史课堂"活"起来

历史教师在设计教学内容时，要依据国家制定的课程标准，但也不能拘泥于教材中的内容，应该把握好教材中的主要知识点和教学主旨，结合教学的实际情况进行大胆创新。教师可以在内容上对教材做出补充，从其他历史资料中选择有价值的部分，将其加工成对学生有用的教学内容；也可以结合教学内容在教学方法上做出创新，在课堂上设计一些互动性、体验性强的学习活动，让学生积极参与到历史课堂中。例如，教师可以将诸子百家的核心内容设计成可以引发学生思考的一些问题，让学生大胆地表述自己的观点，在课堂上形成学生"百家争鸣"的良好效果。另外，教师也可以结合实际的教学内容，为学生设计出可以参与扮演的情境，让学生用演绎的方法进行理解和学习。教师在历史教学中可以采取的方法还有很多，如开展文化活动等，让历史学习打破课堂限制，在学生中间建立历史活动小组等，使学生能够主动探索历史知识。

（二）以课标为依据对历史教材进行整合和创新

教师在进行历史教学内容设计要以课程标准为依据，将历史教材当作最主要的资源。在坚持原则的前提下，教师可以在教学内容、形式和顺序上充分发挥主观能动性，对历史教材进行再创造、再整合，使课堂能够满足学生的学习需求。

中学历史课堂在教学课时上和内容深度上都是有限的，因此课标不要求学生能够掌握系统化和深度化的历史学术知识，而是要让学生掌握基本的历史内容，并通过历史学习培养个人的历史思维能力和思想价值观。教师想要把握历史教学的方向，提高创新能力，就需要对课程标准和教材内容进行深入研究，抓住历史教材中的重点内容进行创新，按照课程标准的育人目标和任务积极主动地开发新的课程内容。

中学历史教师在进行课堂教学改革时，要主动适应学生的心理特征，要跳出教材内容的限制，对各种教学资源进行整合与开发，同时创新教学

方法,将教材中的重要信息以新的形式展现在学生的学习活动当中,使历史课堂变成学生愿意参与的课堂。

教师在设计教学时,可考虑这几个问题:①教材内容是不是必须达到教学目标,应删减或从略哪些学生已学过或已经知道的内容?哪些历史知识的素材不够充分,需要补充?②在校内外和互联网站上可利用哪些与教材内容关系密切的课程资源?③本节课的教学重点、难点是什么?从学生的实际情况看怎样定位比较恰当准确,符合学生实际水平?④结合哪些内容进行过程与方法的教育?结合哪些内容培养学生积极的情感、态度与价值观?采取怎样的教学策略达到学生的历史体验性学习?⑤在练习中如何处理好基础与提高的关系,对水平不同的学生提出不同的要求?⑥教师在再建历史教学结构的过程中,怎样梳理历史的来龙去脉和因果关系,使历史知识头绪清楚?⑦是"用教材教"还是"教教材"?通过思考这些问题,教师以教材为基石,走出教材看教材,高屋建瓴,使新课程理念具体落实到教材的运用中,同时让学生花最少的时间掌握最基础的、对终身学习最具有影响力的知识,获得最真实的体验,使教学过程不仅仅是历史知识的传授过程,也是学生掌握科学的历史学习方法、形成正确的历史意识的过程。

(三)教材内容处理必须坚持正确的舆论导向

历史教学具有思政教育和现实主义教育的意义,历史知识必须与社会现实及学生的现实生活结合起来。中学历史课程标准也要求历史课程具有实现立德树人的价值,要对学生进行正确的价值观引导。学生在自主学习历史课程的过程中,总会受到书籍和网络上一些观点影响,从而对历史事件、历史观点产生错误的理解,这一点要引起广大历史教师的注意。教师要以唯物史观和爱国主义精神对学生进行引导和纠正,体现对学生成长负责、对社会发展负责的职业精神。教师在鼓励学生开展合作学习、讨论学习、积极发表观点的过程中,要及时做出总结和评价,要及时纠正学生的错误史观,使学生能够正确了解历史。

(四)教材内容生活化

历史课程具有很强的时空性,教材中的史料、史实都离今天的学生有着很遥远的时空距离,这使得学生在学习历史知识过程中面临着很大的隔阂,容易对历史产生误解。中学历史教材为了适应学生的理解能力,在编写方面虽然做出了许多通俗化的处理,但依然只是固定在纸面上的东西。为了使历史知识贴近学生的生活,教师还需要在教学设计中,将教材内容与学生的生活联系起来,将其加工成学生愿意接受、便于理解的内容。为此,教师可以将历史知识与国家发展、社会现实和实际生活进行深入整合,帮助学生理解历史知识的现实意义。例如,教师可以根据历史教材中的知识点,为学生创设自主学习的情境,将历史知识与学生的生活结合起来,引导他们用历史知识来分析现实中的问题。

(五)精心设计学习问题引导学生合作探究

在历史教学设计中,教师应该按照教材中的重点知识内容设置若干具有引导性的问题,让学生能够带着疑问去进行整堂课的学习。设计引导性问题是教师在进行导课设计中常用的方法,通过学生对问题的思考和讨论,让学生将注意力转移到课程中来,并且产生解决问题的好奇心理。借助问题的引导,学生与教师之间的互动关系也更加紧密,师生之间更容易展开合作,共同分析历史课堂中的重点问题。例如,教师在进行诸子百家思想的教学时,通过设置引导性问题,让学生对于诸子百家的思想观点做出回答,有效地启发了学生的主动探索意识,让学生更乐于在课堂上发表自己的观点。有了问题导向做基础,教师在深入开展历史知识教学时,就会得到学生的进一步支持。

我国在基础教育课程改革中一直强调学生在教学中的主动性,鼓励教师与学生建立一种合作探究的新型互动关系,使教师与学生、学生与学生之间能产生交流与互动。为此,教师可以用提出导向性问题的方式,加强师生之间的互动关系。在问题设计方面,教师需要从两个方面入手:一方面是注意问题的设计效果。历史课堂中提出的问题不在于知识点的深入，也不在于问题的多寡，而是要能够产生导向作用，引起学生的注意，并让学生产生继续挖掘问题本质的积极性。因此，问题的设计应该具有三个特点：一是有一定的挑战性，学生需要经过一定的探索才能找到答案；二是要引起学生的思考，教师提出的问题要能够引起学生的探索欲望，将他们的思维调动起来；三是问题具有开放性的答案，教师设计的问题最好是那种没有固定答案的问题，可以引起观点的争鸣，这样学生就可以从各个角度来讨论、回答这些问题。另一方面是问题的设计要与学生的实际情况联系起来。教师在设计合作探究的问题时，应考虑到设计是否有助于提升学生学习的效果，如果不能提升学习效果，那么问题的设计就是失败的，反而会浪费宝贵的课堂时间。除此之外，教师还需要关注合作探究学习是否能让学生产生兴趣，是否能鼓励全体学生都参与进来，同时需要考虑如何在这一过程中对学生做出正确的引导等关键问题。

（六）摸清学情，以学定教

中学历史教学不能照本宣科，而要结合本校的学情来进行，最终达成以学定教的效果。课程标准和历史教材只能为教师的教学活动提供基础的教学资料，在实际的教学工作中，教师必须关注本校的情况，了解学生的特点，找到学生在成长中的需求问题，这样才能设计出符合学生实际情况的教学内容，采取有效的方法。在培养核心素养的教学过程中，满足学生成长成才的需要是实现以学定教最主要问题。教师只有摸清了学情，才能将教材内容转化为历史课堂中可以落实的内容，达到培养学生历史素养的目的。

综上所述，历史教师教学内容的设计，与历史课程标准、历史教材内容和教师的教学能力有着很大的关系。在教学过程中，教师依然需要发挥自己的专业水平，提升教学内容设计的创造力，深入研究课标要求，深入解读教材内容，结合新的历史资料和本地学情特点，对各类教学资源进行整合，加强对教学内容的开发与应用。同时，还要加强课堂教学方法的创新,发挥学生的主动性与参与性,用情境教学、合作探究等方式,努力提高中学历史课程的有效性。

第二节 历史教师教学策略相关知识

一、历史教学策略概念界定

教学策略是各级各类学校开展教学计划的重要依据,是学校为贯彻落实国家教育政策、课程标准的重要环节。但教育界对于教学策略的概念存在着较多的争议,主要观点有几种:①将教学策略当作学校为实现育人目标而制定的综合方案,包括教学内容、教学计划、教学方法、教学评价等。②将教学策略实施的主体看作教师,主要是指教师在教学中制定的各种教学设计活动。③将教学策略看作教学理念的实现,即学校以实际行动来实践某种教学观念。④将教学策略当作教学实施的措施及方法,这些措施及方法的制定需要围绕教学目标和学生的成长来进行。⑤将教学策略当成一种教育理论来进行研究,最终形成知识成果,研究的对象包括教学内容、教学技术等问题。⑥将教学策略看成实现教学目标的决策与执行过程,即学校和教师为了完成教学目标,对教学活动与计划做出决策的过程。

以上各种观点从不同的角度分析了教学策略所涉及的内容,这些观点虽然具有共同性,但也有明显的区别。共同点主要体现在教学策略都是为了达成既定的教学目标而产生的,其内容必然包括教学内容、计划、方法和课堂组织等必要环节;区别主要体现在教学策略的侧重点各有不同,有些学者关注教学策略的综合性,有些则关注教学的顶层决策,有些关心教学活动的实施与设计问题。目前,还有一些研究者将教学策略看作一个动态或静态的过程,认为在教学策略制定中,要将教学内容当成固定的内容,而将教学实施的方式当成动态的过程。

历史课堂的教学策略与其他学科没有本质的区别,但也需要结合历史教育的特点来制定合适的策略。笔者认为,历史教学的策略制定应该侧重教学的资源、材料和方法的创新,策略要能够适应历史学科本身的特点和规律,重视教师在教学过程中与学生的互动性。使用情境教学策略能够拉近历史知识与学生的心理距离,使学生愿意主动探索历史,并对其现实生活产生积极作用。

二、历史教学策略的主要特征与运用

教学策略与教学方法、教学资源、教学模式都有密切关系。历史教学策略的实质在于,对各种类型的教学方法、教学资源乃至教学模式进行合理的选择和优化,有针对性地提升教学质量。历史教学策略不仅是一种预定的设计,还是一种在变化中形成的对决策结果的反映。

(一)历史教学策略的主要特征

1. 综合性

历史教学的策略制定要体现综合性,要重点关注教学内容、方法与育人的标准等多方面因素。教师在教学实践中,需要将这些因素进行系统性整合,使教学策略的制定能够全面地影响课堂效果。为了提高历史教学策略的综合性,教师需要从两个方面入手:一是充分整合影响历史教学的各方面因素,既要按照国家的教学标准来设计教学,也要考虑学校的具体情况,以学生的成长为标准设计教学策略。二是教学策略的应用不仅要考虑教师如何授课的问题,也要考虑学生如何学的问题。教师要在学生学习历史的过程中给以必要的指导,帮助他们掌握学习历史的方法。只有教学策略的综合性体现出来,教师才能从整体上把握历史课堂教学的效果。

2. 可操作性

教学策略的制定要以整体策略指导教师的教学活动,因此可操作性是其必要条件。教师在制定策略时,必须按照总体的教学目标来制定教学计划、设计教学内容、创新教学方法,最后才能按照制定好的策略去执行实际的课堂教学。另外,教师在制定策略时,还需要按照以学生为中心的思想,用策略去指导学生的学习活动,要根据具体的情况,提高学生学习历史的能力,使教学策略转化为学生的自主学习活动,提高历史课堂的教学质量。

3. 灵活性

教师在制定和执行教学策略时,不能照搬策略的内容进行教学,而要体现策略的灵活性,同时结合教学的实际情况及时调整策略。在教学过程中,教师和学生所面临的教学情境是会随时发生变化的,教师要能够及时抓住教学活动产生的变化,对学生因势利导,及时调整教学的策略与方法。一方面,教师在制定教学策略时,除了要尊重课程标准和教材内容外,还需要结合本校的教学条件及学生的实际接受能力来设计出适合本校教学情况的策略内容;另一方面,教师在执行教学活动时,要结合课堂的变化情况来调整策略,充分把握课堂中生成性内容,使课堂教学更加灵活。

(二)历史教学策略的运用

科学合理的教学策略应该包含教师教的内容和学生学的内容,应该能够与教学实践紧密结合,应该在教学活动中检验策略的有效性,因此,教师应高度重视历史教学策略在实际教学中的应用。在历史课堂教学中,教师制定的策略应该与教学的实际情况相结合,要加大情境教学的比重,让学生拉近与历史知识的距离,从而体现教学策略在实际应用中的灵活性。

历史教学策略的应用,可以由已制定的教学策略和灵活多变的教学方法实现。在应用过程中,教师应该抓住教学中出现的新问题和新变化,重点解决出现的新问题,调整既定的教学策略,带领学生进行反省与调整,从而创造出新的教学情境。在实际应用中,教学需要注意四点:一是在教学策略的应用过程中,牢牢把握教学目标,在策略进行灵活调整时,不能偏离历史教学的功能与价值。二是执行教学策略时,需要教师合理利用各类教学资源,结合课堂的实际条件应用教学策略,实现理论与实践的融合。三是在应用教学策略时,要发挥学生的主动性,鼓励学生按照策略思想主动学习历史知识,培养学生探索、思考的能力。四是教师要在策略的应用过程中加强创新能力,要根据实际的变化积累新的经验,创造新的教学方法,体现教学策略的创新性和灵活性。

三、合作学习策略的有效实施

在以学生为主体的新课改模式下,学生的主动学习能力被充分激发出来,学生成为自己学习的主人,能够自主探索成长所需的新知识。为了激发学生的探索兴趣,提高学生的学习能力,教师可以采用合作学习的方法来培养学生,并为学生的合作学习创造良好的条件。合作学习的优点有两方面:一是合作学习能够激发学生的自主探索兴趣,充分发挥学生的个人特长。在合作学习过程中,每名学生都可以发挥自己的优势,扬长避短、互相借鉴,最终促进学生整体学习能力的提高。二是合作学习能够强化师生、生生间的互动交流,建立新的课堂人际关系。学生不仅能够与教师进行交流,获得方法上的指导,也能与同学进行交流,提高社会交往能力,锻炼合作能力,实现相互间知识信息的快速沟通。需要注意的是,教师在开展合作学习过程中,要将学习的策略、方法落到实处,避免形式化,影响课堂教学效果。在历史课堂中开展合作学习,有助于学生主动探索历史知识,提高历史学习能力。

(一)合作学习要有明确目标

合作学习不是让学生放松自我,而是让学生紧紧围绕学习目标进行自主性探索。在教学过程中,教师需要帮助学生明确学习的方向,使学生的自主探索与合作学习不会陷入盲目、混乱的困境,同时也可以进一步提高学生合作学习的效果。

合作学习的目标需要明确,这是提高合作学习有效性的根本原则。教师在采用合作学习策略时,需要牢牢掌控的目标包括两个:一个是历史知识学习的目标,即学生在合作学习过程中,必须能够达成学习历史知识的目的,达到历史课程改革的要求,实现教学目标与学习目标的统一。另一个是学习能力提高的目标。教师要意识到让学生开展合作学习,就是为了培养学生的综合能力,让学生具备主动学习、终身学习的能力。另外,还要让学生在与他人的合作中锻炼交往能力,从而培养学生的团队意识、合作意识,提高其社会适应力。在明确这两个目标的前提下,教师可以组织学生进行分组合作、自主探索、交流和分享学习心得,让学生能够结合自己的学习成果进行大胆的讨论和交流,使不同学生的观点得到充分表达。教师还要结合学习的目标给学生布置学习任务,让学生能够围绕任务去进行分工、协作,在完成任务的过程中达成主要的学习目标。

例如,在中学历史中有一节重要的课程,是让学生掌握北宋时期经济社会的发展。学习这一历史课程的重点资料就是观察和分析《清明上河图》这一画作,从绘画的细节中感受当时的社会生活场景,找出北宋时期城市繁荣的原因。《清明上河图》的细节极多,内容复杂,尤其是人物、场景等都需要学生进行仔细研究。因此,这节课的内容就十分适合组织学生开展合作学习。教师应该在进行分组学习以前,明确告诉学生合作探究的目标与任务。合作探究的主要目标是结合《清明上河图》中的人物和场景,了解北宋时期开封这座城市的商业发达情况和人们的日常生活。学习任务则主要包括三个方面:一是组织学生观察图中形形色色的人物,从人物的动作、服饰等探究他们的生活状况;二是观察图中的建筑、街区风貌,找到各类店铺的业务范围;三是找出图中的商业贸易形式,了解北宋时期的商业特点。学生在合作探究后,可以将自己的学习成果进行分享和交流,然后再以小组为单位,在班级分享各自的学习成果。教师将学生合作学习的成果进行总结后,带领学生完成学习的目标和任务。

(二)合作学习要有适当示范、指导

教师在组织历史课程的合作学习过程中,除了确定学习的目标和任务以外,还需要对学生学习的过程进行适当的指导,确保学生不会浪费时间和精力,使学习活动能够有序地开展。学生的合作学习过程与学生个人的学习能力有着密切关系。教师不仅要对学生的合作小组做出必要指导,还需要针对个别学生的状况进行针对性的指导。

合作学习十分依赖学生的自主探究和自主学习能力,但对于中学生来说,他们的学习能力和生活经验十分有限,在学习历史的过程中,会时常出现力不从心的情况。面对这种情况,教师要通过亲身示范,对学生进行方法上的指导,帮助学生克服困难,锻炼学习能力。鉴于历史课程的特点和中学生的学习水平,教师的示范与指导可以从三个方面着手:一是教师用自己丰富的知识基础来指导学生,让学生在以往知识经验的基础上,形成对新知识的吸收和加工能力,在此过程中找到学习历史知识的方法;二是教师用比较的方法,指导学生将新知识与学过的知识进行对比,从中挖掘出历史课程中可遵循的规律;三是教师对学生的学习做出可以模仿的范式,让学生借助教师提供的方式,主动去探究新的知识内容。

在上例中,观察《清明上河图》需要有相关的背景知识基础。不止如此,图画所涉及的人物、商业种类、活动等内容繁多,对于如何进行观察,还需有必要的方法示范。依据上述合作学习任务,教师可选取《清明上河图》的局部作为典型,通过方法示范让学生迁移、领悟。比如,选取《清明上河图》中虹桥部分,观察虹桥桥市上的商家、摊位经营活动,引导学生观察:①虹桥桥市上有哪些类型的人?他们可能属于哪些行业?②虹桥桥市上有哪些交通工具?由此可以猜想他们的商业活动可能涉及哪些地区?在完成上述观察后,据此观察方法,再让学生观察沿河汴市、城内街市等,由此可归纳出北宋时期从事商业、服务性行业的人数多,商业活动涉及地域广的结论。再如,可选取《清明上河图》中涉及商业活动的广告,让学生观察图中的广告有哪些类型。由此可归纳出广告的类型有:天之美禄、赵太丞家、饮子、卦肆、酒旗、王家纸马等招牌;专治小儿科、专门接骨等小儿与骨科广告;灯箱广告、彩楼、欢门等装饰广告。依照此方法,再让学生观察图中的店铺类型,还可进一步通过灯箱广告,引导学生察觉"夜市"的经营时间、经营品种,由此归纳出北宋商业贸易的繁荣。

(三)合作学习要有协商、探讨与建构

合作学习是体现以学为中心的教育思想的重要途径,是帮助学生进行知识建构的有效方法。在这个过程中,学生需要利用学过的知识,结合自身的实践体验来实现知识的不断建构,达成学习能力不断提高的效果。按照建构主义理论,合作学习需要经过一个协商、探讨的过程。一方面,学生通过分工来完成知识的自我积累,使学生挖掘个人潜能,提高学习水平;另一方面,学生之间通过合作进行知识信息的交流、互动、分享,在这个过程中实现学生能力的共同提升。

学生之间进行的沟通与交流,是合作学习取得成功的关键,这种沟通不仅体现在知识信息的共享上,也表现为一种情感上的沟通。例如,学生之间进行合作,可以建立在友谊与互信的基础上,用学生之间共同的语言来进行交流。相比学生与教师的沟通,学生与学生之间能够产生更多信任,能够有更加放松的心情,也能在爱好、性格等方面找出许多共同点,这些都是稳固合作学习的基础。因此,学生之间的合作可以帮助他们发现更多问题,并按照学生自己的方式找出解决问题的方法。

《清明上河图》涉及的主题很多,若要学生分组合作,观察某个主题后进行归纳,小组成员之间必须有协商与探讨。教师可以在提出观察目标后,先挑选典型内容做出示范,让小组成员模仿、迁移,然后进行同类型或相近内容的观察、讨论与交流。此时,教师或在小组间巡回指导,或在旁边提示关键信息,尽可能让学生对讨论的主题有内在的本质性交流。学生的发言很大程度上是出于兴趣、生活常识或对讨论主题的某个侧面的了解,教师的作用在于适时地点拨、拓展学生的发言主题,纠正学生发言中的内容偏离,将学生发言的内容尽可能导向合作学习目标,并以此为"链接",锻炼学生思维能力,引发其思想的共鸣。比如,教师做出示范,引导学生观察图中的广告后,让学生分组观察、讨论图中的店铺。学生一般会根据已有知识或常识,指出图中的店铺有酒店、客店、药店、食品店、木器店、茶坊等。有的学生可根据酒店的招牌、出入酒店的人物穿戴,分辨

出酒店的规模与等级;有的学生可根据店铺里人来人往、沿街店铺一家挨一家,得出北宋时期一般百姓能够上街消费这一结论;还有的学生甚至可以根据茶坊里的摆设及街市的热闹程度,联想起《水浒传》中"黑旋风"李逵、"浪子"燕青等看花灯的情景。教师可在此时点拨学生,从"沿街店铺一家挨一家"提示其商业经营场所的变化,与隋唐时期的"坊市"做对比;从李逵、燕青看花灯提示其商业经营的时间;从店铺的招牌提示其商业经营的手段与理念。如此,通过进一步引导学生对图中店铺的经营场所、经营时间、经营手段、经营理念等方面的探讨与协商,学生可以看到北宋城市商业经济的繁荣,引发对探讨内容的深层理解与共鸣。

(四)合作学习要有评价

在合作学习完成后,教师要对学习的情况做出及时的总结和评价,这样才有利于合作的成果深入学生的记忆,转化为他们未来学习的经验。学生在进行合作学习时,思路会得到充分拓展,进而从各个角度思考问题,得到多种成果。但学生无法确认自己的方法或成果是否正确,这时教师就需要发挥评价者的功能,对学生的思路、做法给予纠正和引导,使学生得到自主学习的反馈信息。教师的评价主要来自两个方面:一是对过程的评价,主要评价学生的态度、方向和能力的提升等;二是对结果的评价,主要对学生合作学习的成果做出总结和归纳,对那些取得好成绩的合作小组予以鼓励。评价的主要对象是学生,评价的主体则是教师与学生,即除了教师对学生做出总体评价外,学生之间也应该进行自我评价和相互评价,组内成员的评价与小组之间的评价也要同步进行。

在对合作学习进行评价时,教师除了要把握好基本的学习目标之外,还要对学生进行多维度的评价,只要有利于学生能力的提高,就可以得到积极的评价。在合作学习过程中,教师应该鼓励学生进行大胆创新,探索自己的学习方法,在有意见和疑问时,要让学生主动进行表达,同时听取他人意见。因此,教师在评价时要以鼓励为主,让学生各方面的优秀素质都能发挥出来。教师可以从三个方面进行积极评价:一是在合作学习过程中,学生的沟通能力、交流能力和语言表达能力是否得到了提升;二是学生的学习态度是否端正,是否激发了学生的进取心;三是学生的创造力是否得到增强;四是学生的学习能力、思考能力是否得到提升。

教师在组织学生进行《清明上河图》的合作学习时,教师的评价工作也要跟上。在评价过程中,教师可以给予学生适当的指导与示范,帮助学生树立进一步探究的信心,对学生做出的正确探索给予鼓励。教师的评价也需要从多个维度进行,并且在不违背教学目标的前提下,多多做出积极性的评价,找出学生的优点,以发挥学生的特长。例如:有些学生态度端正、积极参与,就可以对这方面做出正确鼓励;有些学生的成果显著,发现了许多新的问题,教师也需要进行积极性评价。

无论教师从何种角度对学生做出评价,都要以鼓励学生继续推进合作学习为主旨,让学生能做出进一步的探究。例如,在探究《清明上河图》这幅画作时,学生如果从图中的交通工具、贸易手段分析北宋时期的商贸互动状态,教师就可以按照学生的参与程度、观察的细致程度对学生做出评价。而对于从新的角度发现新问题的学生,教师更要做出积极评价,要给学生以正确的反馈,让他们能够沿着自己的思路做出新的探索。例如,在观察图中的车、船、驴队等贸易形式时,有些学生就会思索当时人们的主要贸易物品是什么,从而提出新的问题,即北宋开封城的主要贸易商品有哪些。这些问题无法从图中直接反映出来,需要学生展开大胆的想象。对此,有些学生认为可能是粮食,有些学生认为可能是其他主要物资。教师在评价时则需要带领学生用更多的史料来加以证实。学生在对《清明上河图》进行观察探索时,也可以从多个角度发现问题。例如,从街上的店铺中找到北宋城市经济的多种形式,教师就可以从北宋工商业发展与城市居民生活的情况方面,带领学生全面认识当时的社会发展状况。

总之,从《清明上河图》的案例中,我们可以认识到合作学习在历史教学中的重要作用。合作学习不仅可以让学生激发自己的探索兴趣,也能够让学生结合历史知识进行广泛交流,使学生在互相学习与合作中逐渐积累探索历史知识的经验,提高自主学习的能力。

第三节　历史教师教学的自我评价

学校要构建促进教师不断提高教学水平的评价体系,强调教师对自己教学行为的分析与反思,建立以教师自评为主,校长、教师、学生、家长共同参与的评价制度,使教师从多个方面获得信息,不断提高教学水平。自我评价是教师反思教学、自我诊断和自我提高的一个过程。通过自我评价,教师可以从优点和缺陷两个方面辩证地分析自己的教学方法及其效果,从而促进自身的专业成长。

一、教师自我评价国内外研究现状

(一)国内自我评价研究现状

在我国,随着新一轮基础教育课程改革的深入,在理论层面阐述教师自我评价的意义成为研究的热点。教师自我评价是促进教师专业成长的有效机制。教师专业成长的最高境界是自我更新,自我更新是一种积极的自我分析、自我评价、自我发展的过程。学校应开发操作性强的教师自评指标体系,在探讨教师自我评价指标体系时,构建教师自我评价指标体系,要求教师从班级领导、课堂教学保障、课堂文化、学生参与和潜能开发及教育服务质量保证五个方面进行自我评价。

从国内外研究现状看,自我评价已逐渐成为教师评价的组成部分。如今教师自我评价从理论到实践,日趋成熟,得到了教师的认同,对教学专业水平的提升、提高教师的积极性等发挥了重要作用。我国目前关于中学教师的自我评价阶段是一个持续且多维度的过程,它贯穿教师的整个职业生涯。自我评价应客观、全面,既要看到自己的优点和成绩,也要正视自己的不足和需要改进的地方。

(二)国外自我评价的研究现状

教师进行自我评价,能够帮助教师不断对教学工作进行反思和经验积累,及时纠正教学中的错误,使教师的教学能力不断提高。在欧美国家教育发展的过程中,很早就将教师的自我评价当成考核教师的重要标准,与教师的职业发展进行了直接关联。

英国从 20 世纪 80 年代开始就制定了一系列教师自我评价的政策,通过官方机构的监管,构建了教师评价体系,用评价工作督促教师队伍的建设。英国的评价体系包括外部的评价与教师自我评价等内容,其中自我评价成为教师走上岗位并获得进步的重要环节。英国规定,教师需要在每个学年开始时为自己制定发展目标,这些目标既要包含个人的能力成长,也要体现在教学的实际成效上,目标要比自己原有的经验、成果更进一步,使自己的工作增加成长性。教师在进行自我评价时,要以原先制定的目标为基准,考查自己有哪些工作没有到位,并最后做出总结,对教学工作的进展情况做出评价。

在美国,政府和基础学校在进行教学改革时,也对教师的评价做出了调整。除了官方对教师加强了评价之外,也十分强调教师对自己的能力进行自我评价。美国的学校一般会通过制度化、法制化的管理机制来促进教师形成自我评价的习惯,提高评价能力。教师会结合评价工作建立与自我发展和教师工作有关的档案资料。其中包括的各方面的评价信息,既有来自学生方面的反馈信息,也有教师自己参与的职业成长活动信息,还包含教师在教学工作中的各项总结等。教师通过这种制度化的方式,使自我评价实现了科学化、常态化发展,帮助自己进行经验积累,促进教师业务能力的成长。

二、教师自我评价的探索

教师自我评价是教师在一定的教育理论指导下,依据一定的评价原则,对照评价标准,主动对自己的教育教学工作表现做出客观真实的评价。这是教师自我反思的过程,体现了教师发展性评价的理念。教师通过自我评价可以发现自身的优势与不足,及时弥补不足,挖掘自身潜力,从而有效地促进自己的专业成长。

（一）构建自我评价体系

1. 依据《中学教师专业标准》的基本概念,构建自我评价自身的专业素养

根据《中学教师专业标准》,制定中学历史教师专业素养的基本要求,对教师素养提出了明确要求,设计了中学历史教师学科教学素养自我评价方案,供教师自我评价自身的专业素养,如表 2-1 所示。

表 2-1　中学历史教师专业素养基本要求

维度	领域	基本要求
历史学科专业素养	学科知识	1. 理解所教学科的知识体系、基本思想与方法 2. 掌握所教学科内容的基本知识、基本原理与技能 3. 了解最新的史学研究动态和成果 4. 了解所教学科与其他学科的联系 5. 了解所教学科与社会实践的联系
	通识性知识	1. 具有相应的自然科学和人文社会科学知识 2. 了解中国教育大政方针和基本情况 3. 具有相应的艺术欣赏与表现知识 4. 具有适应教育内容、教学手段和方法的现代化的信息技术知识
	教学设计	1. 教材内容的分析能力 2. 教学重点和难点的确定能力 3. 学生特点和学习需要的分析能力 4. 科学设计教学目标和教学计划 5. 合理利用教学资源和方法设计教学过程 6. 引导和帮助中学生设计个性化的学习计划
	教学实施	1. 营造良好的学习环境与氛围,激发与保护中学生的学习兴趣 2. 能有效培养学生"自主—合作—探究"学习 3. 通过启发式、探究式、讨论式、参与式等多种方式,有效实施教学 4. 有效调控教学过程 5. 引发中学生独立思考和主动探究,发展学生创新能力 6. 将现代教育技术手段渗透应用到教学中

续表

维度	领域	基本要求
历史学科专业教学能力	班级管理与教育活动	1.建立良好的师生关系,帮助中学生建立良好的同伴关系 2.注重结合学科教学进行育人活动 3.有效管理和开展班级活动 4.妥善应对突发事件
	教育教学评价	1.利用评价工具,掌握多元评价方法,多视角、全过程评价学生发展 2.引导学生进行自我评价 3.自我评价教育教学效果,及时调整和改进教育教学工作
	反思与发展	1.主动收集分析相关信息,不断进行反思,改进教育教学工作 2.针对教育教学工作中的现实需要与问题,进行探索和研究 3.制订专业发展规划,不断提高自身专业素质 4.每学期撰写教学论文或教学叙述,反思总结,提升自我

2.借鉴国外研究成果,构建教师自我评价的激励机制

20世纪80年代,关于教师自我评价的研究已经非常全面和深入,取得了丰硕的研究成果,我们可以借鉴发达国家的研究成果,开展教师的自我评价。

教师自我评价SSA(Silver Strong Association)模式如表2-2所示,它将教师评价和学生学习进行整合,形成了有效的教学设计。它充分吸收以往教师评价的优点,并针对其不足做出改进,提出了教师自评的十个维度,每个维度的评价包括四个方面的内容,即教师教学行为、教学对学生行为的影响、管理者对课堂观察的有效反馈和教师专业实践的发展。后三个维度是为了辅助教师自评而设计的,对于培养和提升教师的专业素养有重要作用。

表 2-2　教师自我评价 SSA 模式的内容

序号	维度	具体内容
维度一	创建组织、规则和程序	1.合理组织安排座位 2.建立有效的课堂规则和程序 3.建立有效的计划来管理学生 4.以最少的时间来组织学生的课堂学习
维度二	建立积极的人际关系	1.关心学生并尊重每个学生 2.了解学生并把他们的兴趣、愿望和知识背景融入课程 3.使具有不同学习风格和学习能力水平的学生体验到成功的喜悦 4.加强学生之间的互动,使学生愉快地交流学习经验 5.建立一个开放的与家长沟通的环境
维度三	促进学生参与和分享	1.用不同的教学方式让学生参与思考并专心于学习 2.用各种各样的教学工具、策略来保持教学的新鲜性和学生学习的兴趣,并提高学生的分享意识
维度四	创设思考与学习氛围	1.使用新颖的教学方法来拓展学生的思维 2.鼓励学生使用高级思维并突破严格的文本内容 3.运用有效的提问技巧 4.使用多种方法来培养学生的批判性思维和创造性表达 5.引导学生使用各种思考策略
维度五	引导学生为新的学习做准备	1.选择与年级水平相适应的学习内容 2.把内容标准变成清晰的学习目标 3.提出能使学生深入思考的问题 4.向学生介绍关键概念、术语 5.鼓励学生制订个人学习计划并努力实现目标
维度六	呈现新的学习内容	1.在设计课程内容时能将内容分成合理的单元 2.将多个来源的信息纳入课程,帮助学生获取新知识 3.能帮助学生通过做笔记、总结、组织图形、使用语言和非语言行为来理解重要信息
维度七	深化学生的学习	1.使用形成性评价来帮助学生评价自己的学习过程 2.帮助学生明确他们自己的观点并深化其对知识的理解 3.按能力水平、兴趣和学习风格分组,使学生的学习效果最大化 4.给学生提供机会,让他们通过研究、讨论和反思问题来记忆知识 5.按能力水平布置作业,让学生练习和巩固学习内容

续表

序号	维度	具体内容
维度八	指导应用所学知识	1.指导学生进行有意义的知识迁移 2.鼓励学生参加可以激发兴趣的项目及活动,在活动中应用所学知识
维度九	帮助学生进行学习反思并积极鼓励学生	1.赞赏学生获得的学习成就 2.向学生提供机会回顾学习过的内容 3.帮助学生反思自己的学习,找出不足,加以改进 4.创建一个运用元认知的反思环境 5.帮助学生回顾学习目标 6.与学生共同合作,设定未来的学习目标
维度十	其他职业表现	将教师划分为四个等级,即新手教师、发展中的教师、经验丰富的教师和专家教师。新手教师对自己的专业发展一般没有或只有简单的承诺;经验丰富的教师会有明确的承诺;专家教师会有坚定的承诺。 1.努力改善自己的课堂实践 2.设计专业发展计划并努力实现目标 3.寻找职业发展和持续学习的机会

　　为了有效开展教师自我评价,中小学在评价实施之前应开展三项工作:首先,培训教师学习评价的维度、指标和准则,学习如何使用评价框架进行正式和非正式的观察并收集有效数据;其次,把教师做出的试评与其他管理者所做的试评进行比较,以此来确定评价的内在效度;最后,通过全员培训,提高教师的自我评价意识和能力,引导教师把有效教学策略运用到实际教学之中,提高教育教学质量。在培训教师时,学校领导要努力做到六点:一是营造一种促进教师学习和专业发展的氛围;二是提升教师的观察技能(如有效地使用录像进行课堂观察);三是能够给教师提供有意义的反馈;四是及时组织观察前和观察后的讨论会议;五是通过多种评测方法确定对教师的最终评价;六是使用有目标的发展计划,促进教师的专业发展。在评价操作上,教师在自我观察后,采用两种方式分析结果:第一种是网上评价系统,即教师自我观察,根据评价维度自行输入分数;第二种是教师在教学管理人员的帮助下,对观察表所有数据进行分析,得出分析结果。

　　教师自我评价 SSA 模式的使用促进了教师的专业发展,激发了教师的教学热情,提高了教学质量。目前我国的教师自评制度还不健全,可以借鉴其他国家的先进经验和做法。第一,完善我国的自我评价机制。建立教师自评和他评相结合的机制,完善教师自评的激励机制,鼓励教师采用多种形式的自评,反思自己的教学。第二,确定适当的自我评价内容。可借鉴国外自我评价的具体内容,并结合本校和学科的实际情况。第三,培养教师自我评价的意识和能力。学校要对教师进行自我评价的培训,让教师明确自我评价的重要性。第四,运用多种自我评价的方法,如课堂观察、教学日记、电子档案袋等。第五,重视利用自我评价的结果。自我评价的结果可以帮助教师分析问题,以便其在以后的教学实践中改进。

(二)了解专家型教师的特征,规划职业生涯

专家型教师有两个特征:一是教师要成为专业人士,教育工作成为专业工作。这就要求教师要从传统的主要凭借教学经验的积累开展教育教学工作,转向主要依赖教育科学知识和教育教学的专业技能来开展教育教学工作,从"教书匠"转变为"教育专业人士",这是教师职业在质的层面上的转型。二是作为一名专业人士,不能够徒有虚名,而是要经过专业培训,提升自己的专业素质,成为在教育教学某一方面(主要是学科教学或学术研究领域)有专长的教师。这是教师在专业范围内达到成熟的一种表征,是教师专业在量的层面上的变化。通过这种变化,教师能根据自己的教学实践不断进行经验总结和理性分析,具备良好的判断和解决问题的能力,为提高教学效率和质量服务,同时也为教师自身的长远发展奠定基础。教师的专业成长经历了"新手→熟手→能手→高手"的过程,是"成熟→成长→成名→成家"的过程。在这个过程中,教师要根据专家型教师的特征,进行自我比较,了解自己与专家型教师之间的差异,做好职业规划,明确自己的奋斗目标。

(三)选择适合自我评价的方法

1.自我评价报告

各校和各科组可以根据本校、本学科的特点制定可操作的自我评价

标准,指导教师评价,让教师每学期撰写自我评价报告,对评价结果进行分析,并提出改进要求和计划,明确下一阶段的发展目标。

2.录音或录像反馈

教师课后通过听自己的授课录音或看录像,从旁观者的角度来分析自己的教学,对比课堂教学评价量表,明确自己的哪些行为是符合期望的、哪些不符合规范、内容是否处理得当、是否充分调动了学生的积极性、是否体现了学生的主体地位等。这种直接的观察对提高教师的专业成长是非常有效的。

3.同行的观察和交流

通过课例研讨的形式,同行观察并现场交流。听讲时,可现场发课堂观察记录表,分任务做好观察记录。评课时,同行提出自己中肯的意见和建议,并将观察记录表提交给授课教师,便于教师自我评价。教师可借助评课、议课的意见和建议,及课堂观察记录资料进行自我评价,提高自己的教学质量。

总之,开展自我评价一定要让教师明确评价的目的、原则、指标等,要让教师知道必要的评价知识、评价方式和技能。教师通过自我评价对自身的发展方向和定位要有充分的认识,同时要借助外力分析存在的问题和解决问题的办法。教师只有不断通过自我诊断、自我调整、自我激励,才能最终达到自我提高,实现自我专业发展,从而促进教育质量的提高。

第三章

中学历史深度学习的教学模式

第一节　中学历史深度学习的内涵和价值

一、中学历史深度教学的内涵

"深度教学"源于"深度学习"。教育学领域的深度学习并不是指某种教学模式或者具体的教学方法,而是对优秀教学实践和理论成果的升华和凝练,其反对机械学习,是超越生理学和心理学的社会活动。[①] 关于深度学习的内涵,学术界并没有统一的、具体的定义,但是有着共同的核心要义:教师引导;学生主动参与;知识建构;解决问题;促进人的全面发展。教与学的一致性,必然使"深度学习"走向"深度教学"。要培养学生的核心素养,使学生深度学习,离不开教师的深度引导。深度教学是与浅层教学相反的教学理念,浅层教学侧重知识的灌输、记忆与机械性教学,学生只是掌握了知识的表层符号,对于知识的内在逻辑和结构并不能理解。"深度教学"的出现正是为了解决目前教学实践中出现的这些问题,也是我国深化教学改革的方向。总之,要推动学生深度学习,培养学生的核心素养,深度教学不仅需要教师深度备课、深度设计,也需要学生深度参与、师生深度反思。

深度教学运用于具体学科中时,根据学科的本质和要求,深度教学的

---

① 刘月霞,郭华.深度学习:走向核心素养(理论普及读本)[M].北京:教育科学出版社,2019.

具体内涵、特征和实施策略也会有各自的特点。历史是人类过去的事件和活动，具有过去性和不可重复性，这也是历史学科与其他学科的不同之处。我们无法使过去的史实重演，只能依据史料这一桥梁，加深对历史事件和历史规律的认识。基于史料实证素养培养的中学历史深度教学以"深度教学"理论为指导，指向培养学生的史料实证素养。需要注意的是，在历史课堂中开展深度教学，并非无限度地加深知识的深度和广度，而是让学生能够更加积极地参与到教学活动当中，让知识变得更有意义，让学习变得更有价值，让学生的课堂体验感更加愉快，在轻松愉悦的氛围中培养学生的高阶思维能力，达到立德树人的目的。基于此，笔者将"历史深度教学"定义为：学生在教师的引导下，围绕历史情境中的关键问题，以史料为载体，积极参与学习活动，主动构建历史网络体系，将已有的知识迁移到新的情境中解决问题，发展高阶思维能力，最终落实历史学科核心素养的培养，达到学科育人的最终目标。

二、中学历史深度教学的特征

根据历史知识的特点和学科性质，中学历史深度教学应该具备的特征：以史料研习为基础；基于史实构建知识网络；培养历史思维能力；解决历史和现实问题；构建正确的价值观。

（一）以史料研习为基础

研习史料是中学历史深度教学的本质体现。史料是历史研究和历史教学的脚手架，但史料本身并不能直接成为证据，浅显地解读堆砌的史料、为了得出教材中的结论而使用史料等教学行为都是浅层教学，只是对历史知识的一种简单搬运或灌输，不利于培养学生的历史思维能力。历史深度学习要以史料研习为基础，对史料进行分析，用历史思维开展史料研习活动，采用实证的方式，合理选择和批判性地运用史料来说明自己对历史问题的看法，进而培育历史学科核心素养。教师在教学过程中要引导学生主动搜集、整理、辨析史料，掌握利用史料探究历史问题的方法，将可靠的史料作为论证历史的证据,以解决历史和现实问题,形成正确的历史观、世界观、人生观和价值观。

(二)基于史实构建知识网络

中学历史深度教学的重要要求是基于史实构建历史知识网络。在历史学习过程中,学生学习的知识并不是孤立的、散乱的知识,而是有逻辑体系的知识。学生在教师的引导下,将新的知识与自己原有的知识经验结合起来,将新旧知识融会贯通后进行建构,形成属于自己的知识结构。历史本身是由时间系统和空间系统编织出来的连续的、统一的过去的画面,一些看似孤立的、散乱的历史事件,可能也有着因果联系,受当时特定的社会环境的影响。在历史课堂中,学生所学的历史知识并不是一些毫无关系的点,而是有规律、有层次、有结构的体系。因此,从史料的海洋中提取有效的信息,整合历史知识,分析历史事件的来龙去脉,从历史表象中发现线索和规律,是客观认识历史的可行方法,也是中学历史深度教学的首要要求。此外,根据史实构建历史知识网络体系不仅需要学生理性认识历史、构建知识之间的联系,还需要学生能够以同理之心,感性理解历史,感悟历史事件背后的时代特性和人物情感。教师要引导学生成为知识构建的主体,通过理解相关的知识并将其内化,实现知识的融会贯通。

(三)培养历史思维能力

中学历史深度教学的目标是推动学生从低阶历史思维向高阶历史思维转化。布鲁姆按照从低到高的顺序将教育目标分为识记、理解、分析、综合、评价五个层次。其中,识记和理解是浅层学习,学习者只需要机械记忆就能完成;深度学习侧重在理解的基础上记忆,促进学生思维的发展。高中史料实证素养划分为四个水平,水平1和水平2只需要学生在简单的情境中解决"是什么"和"如何做"的问题,是浅层次的学习目标;而水平3和水平4,学科任务难度加大,更为复杂,学生要利用不同类型的史料互证并进行论述,这就需要利用辩证思维、批判思维、解决问题的能力等手段,将信息整合,主动建构知识,形成历史思维结构,才能顺利解决问题。因此,在深度教学过程中,教师要引导学生主动思考,通过对史料的整理、分析、提炼,加强学生思维上的碰撞,培养其历史思维能力,将历史知识内化。

(四)解决历史和现实问题

中学历史深度教学的追求目标和实现途径是解决历史和现实问题。学习的一个重要目的是解决新情景下的问题。中学历史学业水平考试命题要求以学生能否应对和解决新情境下的问题来检验其核心素养水平的重要方面。深度教学强调学生在教师的指导下,通过多种学习方式,建构知识网络,并运用于具体的情境中,解决现实中的问题,如历史学习中遇到的史料、史论等问题;解决在个人、家庭和社区生活中遇到的与历史有关的问题;解决社会问题的历史考查、历史学术研究中的问题等。通过深度教学,培养学生的核心素养,让学生养成终身学习的惯性以及能力,增强个人竞争力,更好地适应社会。中学历史深度教学主要根据学生是否能应对和解决真实的问题来检验历史学科核心素养是否达成。在历史情境中,学生可以根据历史问题,将新旧知识联系起来,建构历史知识网络体系,将杂乱无序的历史信息转化为有逻辑体系的知识,从死记硬背转变为研习历史。在社会情境中,学生可以以史为鉴,通过反思历史,寻找历史学科的现实价值和意义,使历史学科成为一门指导处理现实问题、从容应对未来的学科。

(五)构建正确的价值体系

中学历史教学的最终任务是立德树人,注重学生在学习历史知识和探究历史过程中获得的积极的人生体验,以构建正确的价值体系。教育部提出,要把个人修养、社会关爱、家国情怀放在学生发展核心素养体系的突出位置。教学的最终目的是养成学生理性的思维与正确的价值观,以人的成长为宗旨。深度教学的目的就是要帮助学生树立正确的价值观,能辩证地看待一切事物,培养学生的核心素养。中学历史新课程标准中"学科核心素养"的定位为历史学科的教学提供了纲领性的指向,体现了党和国家对人才培养的要求。中学历史深度教学是落实这一任务的重要途径,不仅要落实学生对历史知识的掌握和历史思维能力的发展,还要培养学生树立正确的历史观、世界观、人生观和价值观,感悟历史的真谛,增强社会责任感、民族归属感、国家认同感和社会使命感。

三、历史课堂深度学习的发生条件

(一)以教师为引领、学生为主体

深度学习是教师引领下的学习。深度学习作为研究的一个项目,是中学教师在历史课堂教学过程中对教学规律不断把握、对教学实践不断探索的过程。实现深度学习的课堂是教师和学生双向互动的过程,二者统一于教学实践的过程之中。深度学习是以学生为主体的学习,是在教师指导下充分发挥学生主观能动性的学习。深度学习理论强调,要积极发挥教师作为组织者和调控者角色的作用,发挥学生的主体性作用,在一系列具有挑战性的主题活动中全面参与、获得发展,并且总结自身学习经验,实现教师与学生间的良性互动。

(二)以任务驱动为导向的学习

深度学习以解决问题为最终目标,以培养高阶思维能力作为衡量深度学习成果的标准。在历史课堂教学中,任务驱动的设置对学生把握知识、理清脉络具有先导作用。中学阶段的学生在历史知识学习过程中已经形成了抽象逻辑思维,能够带着问题去思考和学习,在创设的情境之中也更容易把握重点和关键,自身有一定的提取问题的能力。以任务驱动为导向是课堂学习中的一个重要模式,通过设置问题—思考问题—解决问题的方式促使学生在解决一个个问题的同时深化问题意识,加速对问题的深入理解并且能够主动地提出问题、解决问题。在讲授历史过程中,教师可以采取问题链的方式让学生学会提出问题、解答问题,最终不再害怕问题,在解答问题的基础之上达到对知识的深化。以《中华文明的起源与早期国家》一课为例,通过对本课脉络的把握,提炼出两个核心问题:①文化遗存与中华文明起源的关系是什么?早期国家是如何形成和发展的?②从部落到国家,过渡的依据有哪些?这些早期的国家和今天的国家的概念是否一致?通过一系列问题的逆推,层层解剖之后,加深学生对问题的理解,有利于深度学习目标的达成。

(三)教材文本知识和史料补充的结合

深度学习是学生的综合知识共同起作用的结果。教材文本知识是在知识体系内部完成的,并没有超越体系所在的范围,而史料补充的迁移和拓展则是深度学习的体现。在高考的压力下,传统历史教学更注重学生历史知识的识记以及答题技巧的训练,难以对教材文本知识和史料补充进行有效迁移。在深度学习理论指导下的历史课堂中,学生是在脱离外界提示和帮助的前提下自主进行新知识建构的,学生可以通过给定的情境进行据证辨析、甄别史事、升华史实,达到解决问题的目的。在历史课堂上,教师可以通过设置问题情境或者问题对话的方式,引发学生对新旧知识的链接,在总结旧知和学习新知的过程中达到对知识更深层次的理解,从而减弱之前历史知识不深入而带来的苦恼和困惑。例如,在讲授《辽宋夏金元的文化》一课时,基于辽宋夏金元时期在宗教、文学艺术和科技领域取得了重大成就,可以对比辽、宋、夏、金、元时期的文化成就,结合三国至隋唐时期的文化,分析不同时期我国文化发展的共同之处,形成文化领域的知识建构体系。

四、深度学习下历史课堂与传统历史课堂的比较

传统历史课堂与深度学习下历史课堂存在着诸多不同之处。传统历史课堂中,学生的学习停留在浅层学习层面,学生在外在动机的驱动下把知识作为零碎的、单独的学习内容,对其进行表面的、简单的复制或机械记忆的学习,是一种鲜少进行思考的简单学习[①]。深度学习下历史课堂

---

① 李明泽.深度学习视域下的高中历史教学策略研究[D].大连:辽宁师范大学,2020.

更加注重理论与实践的结合,强调学生在批判理解原有知识的基础上达到对知识的运用,学会采用不同的方法处理不同的问题情境。历史课堂中深度学习与浅层学习的对比如表 3-1 所示。

表 3-1　历史课堂中深度学习与浅层学习对比分析

维度	传统历史课堂	深度学习下历史课堂
学习目标	以完成日常教学任务为目标	指向历史学科核心素养
学习内容	根据教材编排顺序,历史知识体系碎片化	整合教材内容,形成完整的历史体系
学习活动	机械的接受式学习方式,运用模式化的思维方式	创设历史情境,开展合作探究教学,促进学生高阶思维
学习评价	评价方式单一,多为书面评价	开展多元、持续性评价

深度学习下历史课堂教学更加注重理论与实践的结合,不仅关注单课的历史教学,也注重“大单元”层面的整体设计,与传统的历史课堂教学存在着诸多不同之处。通过对深度学习内涵、特征、发生条件等内容的具体分析,笔者主要从知识梳理、教材整合、教学程序和教学设计侧重点四个方面对二者进行比较。

(一)知识梳理层面

传统历史课堂的教学注重对单一知识的讲授,不同知识之间处于彼此割裂的状态,学生往往死记硬背碎片化的知识,并不能很好地理清知识间的内在逻辑关系。因此,在单元知识的整理方面,学生缺失分析概括能力,知识脉络梳理不清,难以形成属于自己的历史知识体系。深度学习下历史课堂教学更加侧重历史知识体系的建构,学生在完成一节或一单元的学习任务后,能够明确前课与后课或者整个单元之间的逻辑关系,梳理知识点间的脉络,概括能力和思维能力得到有效提升,能够全面掌握历史学习内容。

(二)教材整合层面

传统历史课堂的教学主要按照教材的排版顺序来设计教学内容,教材子目之间具有紧密的逻辑关系,但是也在一定程度上禁锢了学生的思维发展,忽略了历史知识与现实生活之间的实践性关联。学生虽然表面上"吃透"了教材,但实际上对教材的理解仍处于浅层理解层面,既不能做到理论与实践的有效结合,也无法实现知识迁移。深度学习下历史课堂教学设计强调"大单元"属性,在课堂教学的过程中注重知识的整体性。深度学习视角下中学历史课堂教学策略要求在对教材内容进行重新优化整合后,帮助学生在掌握知识的基础上深入理解教材,实现历史学科内部以及与其他学科之间的有效联结。

(三)教学程序层面

传统历史课堂教学程序与其他学科教学具有相似之处,一般分为提出教学目标、指导学生自学、教师讲授、课堂讨论、课堂总结和作业布置等几个流程。学生在学习的过程中处于被动接受知识的状态,学科学习目的不明确。而且长期模式化的教学程序难以调动学生学习的积极性,学生的学习还停留在思维发展的低级阶段。深度学习下历史课堂教学程序更能体现学生的主体性地位,其通过确立学习主题、提供挑战性学习任务以及持续性学习评价等一系列开放性学习流程营造一个积极的历史学习氛围,激发学生深度学习的历史情感。深度学习下历史课堂教学程序如图 3-1 所示。

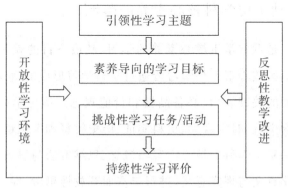

图 3-1　深度学习下历史课堂教学程序

（四）教学设计侧重点层面

历史课堂基于自身的理论复杂性，在实际教学过程中要时刻关注学生这一学习主体，考虑学生的现有学习水平，在认真分析学情的基础上，有针对性地设计出适合学生深度学习的教学设计。传统历史课堂的教学设计侧重某一单课的设计，教师按照固有的设计模式向学生传授某一节课的历史知识，对教学资源和教学方法的选取较为单一，忽视了学生主体性的发挥。深度学习下历史课堂教学设计不仅关注单课的教学设计，也注重"大单元"的教学设计，教师在分析课程标准、教材、学情的基础上，通过引领性学习主题，设置一定的历史情境，开展深入的合作探究式教学，以加强学生的历史反思和迁移意识，最终达到历史深度学习的目的。

通过对传统历史课堂教学与深度学习下历史课堂教学的对比分析，以深度学习理论为基础的历史课堂教学更能够将教材、学生以及历史学科核心素养三者紧密结合起来，在发挥学生主动性和创造性的过程中贯彻落实历史学科核心素养。

五、深度学习下历史课堂教学的独特优势

（一）推动历史学科核心素养的落地

深度学习是发展学生核心素养的学习，其最终目的就是发展学生的核心素养。学科核心素养是学习者通过学科学习形成的适应个人终身发展和社会发展的关键能力、必备品格和价值观念。历史学科的核心素养主要包括唯物史观、时空观念、史料实证、历史解释和家国情怀五个方面。深度学习则是基于学科的核心内容与概念、思维方法与思想价值，引导体悟知识的文化意义与现实意义，进行丰富而开放性思考，促进自主发现和

真正理解的学习。无疑,深度学习是学科核心素养达成的重要实践路径[①]。中学历史统编版教材陆续推行,对中学历史教师的日常教学提出了更大的挑战,单纯依靠教师的教难以使学科核心素养落地,不利于学生学科核心素养能力的提升。因此,教师需要引导学生对教材内容进行自主的分析和整合,在深度学习中去实践和感悟,提升自身历史学习的核心素养。

(二)满足学生高阶思维发展的需要

随着课程改革的不断深入,对培养高素质的人才提出了更高的要求,即更加注重学生高阶思维能力的培养。无论是知识的深度建构还是问题的成功解决,深度学习在过程质量上都涉及切身体验和高阶思维两个基本特质。高阶思维指向学生更为深刻的反思思维与批判思维、更为综合的整体思维与辩证思维和更为灵活的实践思维与创新思维。深度学习提倡突破知识的表层符号,进入知识深层次的逻辑意义。深度学习下历史学习不仅要求学生掌握基本知识,而且更加注重学生在理解的基础上开展自主探究和合作探究,通过一系列问题情境引发学生的深度思考意识,帮助学生在问题解决的过程中培养良好的历史价值观,逐渐形成历史学习的高阶思维。

六、深度教学理念应用于历史教学中的价值

教学是由教与学两方面组成的双边活动,学生通过教师的引导能动地学习知识,获得个性发展。在这一过程中,教师与学生二者教学相长,缺一不可。从一般意义来说,教师教的质量在很大程度上决定了学生学的质量。但是,学生是学习的主体与发展的主体,深度教学理念下中学历史教学策略强调教师的教应为学生的学服务,教师要在教中逐步促进学生核心素养的发展。因此,教学过程中不仅要有教有学,也要提升教的能

---

① 高建文.发展学生核心素养的中学历史深度学习策略:以共和国史 1949～1957 年的学习为例[J].教育科学论坛,2019(28):30—32.

动性与学的能动性,使两个方面相互沟通与配合,获得最好的教学效果。要在教学中使学生获得对自身发展有益的知识,教学的深度性是必然要求。深度学习作为一种内驱式、批判性学习方法,是当前培养高素质人才的有效策略之一。总体来看,深度教学理念应用于中学历史教学中具有如下价值。

(一)符合课改趋势,满足立德树人要求

当前,社会经济、文化、科技等方面快速发展,新时代社会主要矛盾也在发生转变。在这样的背景下,国民素质和人才培养的要求也应与时俱进。早在 2014 年,国务院印发《关于深化考试招生制度改革的实施意见》,高考改革就开始逐渐推进,历史试题中包含文字史料、图表材料等内容的题目逐渐增多,高考的考查因素也不再唯分数论,对学生要求逐渐深化,集中体现了历史学科的育人价值。在这样的高考背景及学科背景下,深度教学理念强调培养学生高阶思维能力、促进学生深度学习,进而使学生获得长远发展。这恰好符合当前社会对于人才培养的要求。

(二)提升教师教学效果,改变传统课堂模式

长久以来,社会大众普遍认为政史地等文科类科目只要背会就能考好,教师也深受影响。在课堂中,教师将要背、要考的知识点教给学生,下课督促学生记好笔记并背会,认为如此即完成了教学任务。但经过长时间观察,这样的教学无法使学生深层次地回答历史习题,更遑论历史素养的提升。深度教学理念要求教师注重教学内容的深度、广度、关联度,注重教学的层次感。因此,将深度教学理念引入中学历史教学中可以提升教师的教学效果,实现课堂中深度知识的传达。

(三)培养学生历史素养,促进学生全面发展

在教育培养学生核心素养的要求下,学生只机械性地记忆零散的知识点已经不再符合当前的学习目标。学生应当通过历史课程的学习,实现唯物史观、时空观念、史料实证、历史解释和家国情怀素养的发展,能用

历史思维和历史学的研究方法去观察和解决历史问题,并通过学习历史而增强民族自豪感,拓展国际视野。只有具备了这些素养,学生才真正有可能获得全面发展。深度教学理念提倡突破知识的表层符号,进入知识深层次的逻辑意义。这一理念的应用可以突破长期以来学生历史素养难以发展的困境。

(四)体现历史学科特性,发挥价值引导功能

在历史教学中,如若教师照本宣科讲授教科书上的内容,那么历史课堂就失去了历史学科特性,失去了历史"究天人之际,通古今之变"的功能。历史学科应用深度教学理念时,教学要从学生的发展出发,设置以学生为主体的教学情境,利用各种历史素材,让学生理解历史的真实面貌、探寻历史发展规律,使学生在解读史料过程中发展辩证思维、逻辑思维、整体观念等历史思维,充分发挥历史学科的价值引导功能。

第二节　中学历史深度学习的大单元教学设计

一、单元"大概念"的理论

当前深度学习范式下"大概念"研究不仅应当关注学生认知结构的深化,还应该关注课程知识的文化属性,要"将对于教学的认识深化到知识传递背后的文化交往和文化建构层面"①。而一般教育理念下"大概念"自国外普通教育领域诞生,最初实践于自然科学学科实践,在实现以"大概念"为依托的素养教学中,值得思考的问题还有许多。一方面,人文学科能否直接适用已有的"大概念"理论这一问题值得商榷;另一方面,历史学科本身承担着独特的社会文化功能,而国内长久以来的历史教学亦以

---

① 程良宏.从知识教学到文化实践:深度教学走向深入的视域演进[J].课程·教材·教法,2019(7):40—46.

史学内容作为依托,要明确历史学科"大概念"在历史教学中应当占有何种地位、扮演何种角色。我们首先应当关注史学视域下"大概念"的意蕴。

(一)单元与"大概念"

为什么要选择单元作为本文研究历史学科"大概念"课程与教学组织的单位?

首先,从普遍意义上来说,单元是相对独立、自成系统的单位。在教育学中,单元是整体化、系统化理念在课程与教学中的实施载体。单元代表着一种集合,以单元作为划分,是当前教学现状下能够联系整体与部分,将整体性思维落实到具体实践中的最好依托。而"大概念"自20世纪以来即作为一种强调课程内容结构化与联系性的教育模型被运用到教育中,成为概念教学在整合角度的进一步深化,被美国、加拿大、澳大利亚等多国出台的课程标准用于各科课程的基本架构。换句话说,在这一层面上,无论是"单元"还是"大概念",都代表了整体思维在具体教育实践中的可行方案,二者在理念上是相通的,在逻辑上是契合的。

其次,尽管长久以来,"单元"都作为课程与教学组织中通向系统化、整合化设计的集合而存在,但我们仍需要面对当前常规教学依旧以"课时"作为单位进行组织的现状。因此,"单元"的集合更多地表现为一种整体性思维逻辑,只有在课程、教材、教学需要被拆解并落实到单一课时之中,才能够使得整体教学真正能够落到实处。换言之,学科内容集合的扩大必须建立在理解内容之间的关系,并能够把握其核心的基础之上。而从已有的对"大概念"价值意蕴的研究来看,每门科学都保证为概念的系统,而"大概念"就是其中最为核心的深层次、可迁移的中心部分。正如格兰特·威金斯和杰伊·麦克泰格所说,"大概念"的"大"不是指庞大,而是指核心,它可以表现为一个词、一个短语、一个句子或者一个问题,"大概念"是内容中具有核心价值的概念或者一系列概念的有机合成。"大概念"在学科中最为基础的作用是成为联结碎片化知识的锚点,威金斯认为"它就像一个车辖",代表了关键与联系。"大概念"并不是一个庞大的包含了很多内容的模糊词语,它是学科需要被揭示的"关键"与"核心"。在这一层面上,"单元"是通向整体性教学的结构基础,而"大概念"则是实现整体教学的必须把握的核心。正因如此,"大概念"教学一定是目标导向的,只有明确以何作为统整单元教学的具体目标,才能够真正将素养落实到单元中,实现有效的整体教学。

反过来讲,正因为"大概念"代表了核心,如果以整体学科为单位,那么"大概念"所牵引的就是一个庞大的学科体系。一方面,我们无法轻易地判定一个庞大学科体系其核心究竟何在;另一方面,如果以学科整体结构作为凝练"大概念"的单位,那么这个宏观概念就过于庞大而不利于单一课堂的实施,正如我们很难在"中国历史"这个庞大的体系中找到一个能够连接所有重要知识点的核心,但如果按照历史重要线索与阶段将其划分到朝代,那么核心就会好找得多。因此,单元的划分是必要的,以单元为依托是整体性教学的一个中观落脚点,使得"大概念"在实际教学中有落地的可能性。

需要注意的是,在以单元作为课程与教学组织单位的"大概念"教学中,"单元"对于内容的划分并不是固定的,其背后遵循的逻辑根据课程组织、教材编写与教学组织的需求而变化。就当前历史学科课程与教学的现状而言,课程组织中的"单元"常常表现为以历史发展的主要阶段和基本线索为划分的专题,如必修中的"早期中华文明""春秋战国时期的政治、社会及思想变动",选修中的"政治体制""官员的选拔与管理"等。教材中的"单元"与课程在学科体系逻辑上基本一致,更多地考虑学生的学习心理逻辑与学校的课程设置现状,表现为更为统合的教学单元,如必修中的"从中华文明起源到秦汉统一多民族封建国家的建立与巩固""三国两晋南北朝的免租交融与隋唐大一统的发展",选修中的"中国古代政治体制的形成与发展""西方政治体制的产生和演变"等;而课堂中的"单元"则根据学生的学情、教师的个人水平、课堂的实际状况呈现不同的形态,教师可以遵循教材的单元划分,也可以依据不同的主题、专题划分,甚至可以突破教材,形成综合性的整合单元。"大概念"的关键在于核心,那么这种整合就并非凭空捏造,而是需要在把握课程与教材核心的基础之上进行,因此,深入分析课程与教材,并以此定位单元"大概念"是必要的。

(二)单元"大概念"的意蕴特征

如前所述,依据"大概念"现有的研究来看,虽然诸多学者对于"大概念"意蕴特征的具体表述并不一致,譬如:李松林总结"大概念"的形式与特征为具有认识论、方法论和价值论三重意义,且兼具上位概念、中心概念和本质概念特征的一种意义结构[①];而李刚、吕立杰总结"大概念"的内涵为具有中心性、可持久性、呈现网络状、可迁移性的聚合性概念[②]。总体而言,学者大都强调"大概念"代表了核心、本质与关键。考虑到"大概念"是从国外引入的教育模型,附有教育学的本质属性,笔者认为,可以从普通教育学的角度,将"大概念"质的规定性表述为居于学科及课程基本结构的核心性,包括处于更高层次的一般性、居于中心地位的中心性和更深层次的深刻性,这也是"大概念"区别于普通概念的本质特性。

除此之外,在"大概念"与国内特定学科融合的教育环境下,"大概念"亦有其特殊的表现性。以历史学科为例,历史学科作为一门人文社会科学具有其特殊性,这也使得"大概念"作为一个从自然科学领域引入的教育理念,其教育学规定性在实际学科应用层面需要考虑限度与效度的问题。首先,大概念最早被成功运用是在自然科学课程领域,我国教育界自借鉴大概念理论以来,取得研究成果较多的同样是自然科学领域。自然科学的研究对象是"物",其真理性是特定而可靠的,通常体现为形式上的"有效"和内容上的"真实"。换句话说,自然科学学科在运用大概念进行教学的过程中,可以通过一般原理与公式搭建起有组织、有结构的科学知识和模型。历史科学则不然,历史学的许多解释往往很难基于普遍规律,

---

① 李松林.以大概念为核心的整合性教学[J].课程·教材·教法,2020(10):56—61.
② 李刚,吕立杰.大概念课程设计:指向学科核心素养落实的课程架构[J].教育发展研究,2018(15):35—42.

即使典型的历史解释也仅仅是"准因果的"。虽然站在更为长远的角度看,我们仍然能够从各不相同的事件与人物中剥离出相似的性质,从而可以依据政治、经济、文化等性质领域进行分类并归纳出一般规律,但从严格意义上说,这种归纳而来的可重复性作为历史规律本身,并不能够与自然规律等量齐观。其次,人文科学旨在研究人类思维的本质,以及人类之间、人类与社会之间和社会与社会之间的关系。因此,人文科学不同于自然科学的中立性,天然地包含了时代发展的价值倾向性,这种价值倾向性往往表现在对历史的具体阐释上。正因史学无法脱离其价值倾向,作为附着历史知识、能力与价值核心的学科"大概念"隐含着动态的时代价值性。"大概念"指向学科知识背后的核心,既然历史学无法脱离阐释的根本特质,那么历史学科"大概念"的教学过程也必然包括阐释的过程,这种阐释必须在把握课程与教材核心的基础之上进行,阐释的主体是教师与学生的多元互动,教师是引导者,学生是主动学习者,教师需要在把握完整教学材料的情况下选择合理的引导方式,通过教学过程引导学生调用个人经验与综合性知识储备,完成新课程话语体系下对于符合学科内容的课程与教学目标的阐释,并在此过程中完成知识的掌握、能力的训练与情意的培养。

(三)单元"大概念"的结构特点

"大概念"的核心性是一种抽象表达,由于其兼具"一般性""中心性""深刻性"等多重属性与"概念""命题""理论""问题"等多重表达形式,且肩负知识固着点、认知核心点、素养发展点等多重身份,关于"大概念"的结构定位,不同学者依据立足点的不同建构了不同的"大概念"结构模型。例如:李松林从大概念的类型与结构出发,建构了纵向(包括学科课时内、学科单元内、学科单元间和跨学科四个层次)、横向(包括结论与结果类、方法与思想类以及作用与价值类三个基本类型)交错结合的网络化结构[①]；祝钱则通过纵向的认知逻辑（分为提取源头、层级分布和最终表现形式）和横向的知识要素（包括知识与技能、过程与方法和情感态度与价值观）构建了纵横联结的大概念结构体系。[②] 在了解、分析并且借鉴学者既有研究的基础上，笔者尝试分析学科单元"大概念"的结构特点：

其一，单元"大概念"结构的定位是相对的。"大概念"作为素养导向下的课程教学理念，其背后蕴含了知识、技能与情意的整体内涵，是主干历史内容（具体的历史知识）和宏观认识（抽象的历史论述）的复合体，因此，"大概念"的结构定位是相对的。从学科单元角度而言，若以层级结构表述，"大概念"在抽象逻辑上处于单元的顶层，因为"大概念"的表述必须囊括单元内容的核心，才能够做到串联；而若以平面结构表述，"大概念"在具体定位上处于单元内容的交汇处，因为使用"大概念"的最终目的是回归教学，所以"大概念"必须是与课程内容相关的，而不仅仅是一种宏观的抽象表达。换句话说，"大概念"既不能脱离核心，也不能脱离联系。例如，以统编教材的编写单元划分为例，教师想要从教材单元的角度完成第一课《中华文明的起源与早期国家》的教学，就需要从第一单元"从中华文明的起源到秦汉统一多民族封建国家的建立与巩固"的整体主旨，看到第一课与整个单元的联系，即中华文明的起源孕育了早期国家的形成，而早期国家的产生孕育了此后中华大地上统一多民族封建国家的形成。从单元的角度看待第一课，本课应当引导学生理解中华文明的起源与国家产生的关系，理解中华文明起源多元一体的特点为此后这片大地上统一多民族封建国家的建立埋下了怎样的伏笔，因此可以将"中华文明多元一体"作为单元"大概念"形成的基础架构，使其既能够联系课时，又能够连接单元脉络。需要注意的是，单元"大概念"的表现形式并非固定，它既可能是某个重要的事实概念，也可能是某个核心议题，还可能是某种活动主题，在具体教学中，它依据单元划分的不同和教情、学情的不同而发生变化。

① 李松林.以大概念为核心的整合性教学[J].课程·教材·教法,2020(10):56—61.
② 祝钱.国内"大概念"教学的历程检视和实践展望:基于2000—2020年间61篇核心论文的研究[J].上海教育科研,2021(6):18—23.

其二,单元"大概念"结构的呈现是整体化的。"大概念"所连接的"单元"不仅指教材中被用于分割章节的上位结构,更代表了一种连接主题与内容的整体思维模式。因此,即使依据教材的分割方式将学科以课时内、单元内、单元间和学科间(跨学科)作为划分单位,"大概念"思维下单一课时的设计依旧要从单元,甚至超越单元的整体出发。

其三,单元"大概念"结构的思维是自上而下、由远及近的。教师在教学中运用"大概念"的思维方式需要是自上而下、由远及近的,这与"大概念"本身附带的核心性有关。以教材《中外历史纲要》的单元课时划分为例,课时承载的历史内容有限,每一课的内容基本表现为一个朝代或一个时期的历史,但相关历史特征难以通过课时内的知识内容表达清楚,如"统一多民族国家"无法在一个时期内向学生叙述清楚、准确,而必须扩大到教材单元的层面上,学生只有经过对中国古代朝代更迭的学习才能够更为具体地感受其内涵和意蕴。又如,"生产力决定生产关系""经济在社会发展中有着基础性作用"等规律必须在更长时间段(甚至要扩大到单元与单元之间)的历史中才能够被更好地理解。再如,"和平与发展""人性、勇气与压迫"这种超越了具体历史内容,跨越了学科的宏观表达,需要教师不再局限于历史学科本身,而要寻求一种学科与学科之间的联系与真实生活价值的意义集合。因此,在设置一个单元"大概念"的时候,教师需要有一种长远的目光,在看到一个历史知识点的时候能够想到它的全貌,只有这样,才能够将琐碎的知识联系起来,意识到整体教学需要把握的核心脉络,达成整体性理解。

二、深度学习视角下中学历史大概念单元授课要遵循的原则

(一)理论与实际建立联系原则

在深度学习视角与核心素养的教学目标下,教师应该培养学生理清理论与实际之间关系的能力,促使学生能更灵活自如地应用课堂上所学

习的知识解决现实存在的问题。故而,教师在进行中学历史大概念单元授课的设计工作时,要遵循理论与实际建立联系原则,并以中学历史大概念及课程教学中的重点难点为中心,在现实生活与抽象知识点之间建立关联性,全面推进学生对知识的消化理解,并在此基础上搭建符合学生发展的知识框架,使学生站在历史的角度对实际问题进行科学分析。不仅如此,教师在设计及实际授课的过程中,应该提前掌握学生的学习状况与能力水平,并以学生关注或感兴趣的话题、事件等为切入点将大概念引入,使学生能更深刻地了解相应的历史知识,真正落实"外化于行"。

(二)科学性原则

中学历史课程中涵盖了很多诸如时空观念、文化素养以及爱国情怀等的素材,具备独特的教育人的价值与意义,对学生综合能力的提升与发展具有重要的作用。故而,教师在进行单元授课设计工作时,应该遵循科学性原则,将中学历史学科自身发展与教学阶段中的价值与特点全面体现出来。第一,将导向设为课程标准,深刻理解并领悟课改的精神,深入把握并研究教科书的编写结构与思路,精准地对教学目标进行定位,充分展现历史学科的作用与价值。第二,与历史学习的特征相结合。与其他科目相比,历史学科具备更强的真实性与严谨性特征,教师在进行单元授课的设计工作时,必须遵守史实,对历史人物与事件的描述、评价等要秉承客观和公正的态度。第三,合理化教学设计。教学内容要同时符合历史逻辑与学生的知识逻辑,让学生能高效、高质量地完成学习。

三、深度学习视角下中学历史大概念单元授课方式优化策略

(一)对单元目标进行梳理促使主题目标明确

将单元视为中心组织并编排教学内容是统编版教材的特征。故而,教师在授课之前要深度钻研教科书的单元内容,明确每一单元的目标,从而选择合理而科学的单元主题,充分重组并整合教学材料与内容,使学生

能在明确的主题目标中联系历史知识,准确把握历史的发展脉络与后续的影响。例如:在学习《中外历史纲要(下)》课程时,教师可以应用大概念整合单元主题,学生在这种学习状况下能更精准地掌握历史的发展特征;在进行"古代文明的产生与发展"单元教学中,教师可以在导语部分概述文明产生的前提、区域、特征、发展以及影响等;教师与学生在课堂教学进行的过程中,可以采用优化串联单元教学内容的方式,让学生更容易把握历史发展的整体脉络,同时有效督促学生理清历史脉络、规律。

在单元主题得到确定之后,教师还应该对教学目标进行明确。以"古代文明的产生与发展"单元为例,教师可以设置如下目标。

第一,在对早期文明的产生过程进行描述的基础上,了解文明的产生得益于生产力的发展;第二,在对所有区域早期文明的发展情况进行概括的基础上,进一步了解文明的诞生与发展受到地理环境的影响;第三,通过对所有区域文明的元素、特征等进行探讨与分析后,让学生更深刻地了解多元化的人类文明。此外,教师在进行大概念单元授课设计工作之前,还应该对学术界的前沿成果进行学习与分析,优良的教学设计不仅要以全新视角看问题,还应该反复思量以往研究成果,并从中汲取全新的看法与理解。中学阶段的历史教师在落实大概念单元授课工作的进程中应该将专家、学者等前辈的理念与分析作为参考,并在进行历史大概念提炼工作中,设置与之相对应的教学内容。值得注意的是,在这一过程中,教师不可以一味参考,而应综合应用个人见解,对前辈的研究与理论进行选择与取舍,使教学内容能更加贴近学生日常学习的需要。也就是说,在设计单元教学课程的过程中,教师应该将基准设置为课程标准,解读并提炼课程标准,以历史知识内容为依托,对学术前沿成果进行吸纳与理解,从而更好地整合、分析单元内容,同时对知识框架进行建构,将大概念以学生更容易理解的方式呈现出来。

(二)通过任务驱动完成对大概念的建构

第一,利用核心问题实现驱动化教学。所谓核心问题,主要指的是为了能全面落实理解大概念,结合多种教学目标,为学生设计出更加贴合实际学情的问题。大概念是教师的工作内容,在课堂教学中应该以此为锚点,辅助学生搭建概念转化的结构。而学生直接被核心问题所指代,学生要在理解抽象化大概念的过程中,思考并回答多种不同的核心问题,从而在整个学习过程中拥有更确定的概念关系与概念体系,并形成更具联结性和逻辑性的概念结构,同时提升学科核心素养和历史思维能力。例如,在《中外历史纲要(上)》五、六单元的学习中,教师应该构建概念体系,使学生形成大概念的意识,并在此基础上设计单元授课的具体方式。

第二,创建核心任务情境。在大概念单元授课的设计工作中,除了核心问题,还有一个关键的内容,即核心任务。核心任务能推进解决核心问题,结合不同的情境与题目,对问题进行探讨并解决,促使学生能独立思考,完成教学目标与教学任务。优良的核心内容应该以理解大概念为基准,设计有趣且生动的问题,结合相应问题,教师可以充分利用文字、图片等信息,进行有关史实知识内容的教学活动,让学生的思维能力得到进一步提升,从而建构更清晰、明确的概念体系。

(三)利用教学评价进一步落实大概念

所谓教学评价,在实际应用的过程中,其标准应该是教学目标,反馈教学过程、学习结果等成果,进一步推进教育改革,对教学过程所具备的价值做出判断。在传统的单元授课评价中,教师的主要关注点在学生对知识点的掌握情况,随着核心素养与教学改革的深化发展,越来越多的教师开始注重学生的思维能力培养与知识储备水平。以大概念为基准的中学历史单元授课评价,所关注的重点也应该是学生思维与能力的进一步提升,以及学生能否理解并应用相应概念。结合新课程标准的相关要求,教师应该以大概念为基础,提出三个教学评价的重点关注方面:第一,有效利用所学知识内容与大概念完成知识的应用与迁移,也就是学生是否在学习单元知识内容之后提升了关键能力;第二,把握教学单元内容,也就是学生是否在学习单元内容之后对基础知识的掌握情况;第三,理解教学单元知识体系的具体情况,以及在学习单元内容之后所形成的历史学科思维。伴随着整体化教学越来越受到重视,学科大概念被关注的程度逐步提升。在日常教学工作中,教师可以为学生建立学习评价档案,记录学生的日常学习状态与考试成绩,并在每次月考之后引导学生进行学习小结。学生通过教师所给的课程评价,能更好地了解自身的优势与不足,从而为后续的成绩提升奠定基础。

(四)以课程标准作为基准进行大概念的提炼

课程标准指的是我国课程教育的纲领性文件,属于对全体学生所提出的学习基本要求。就其原则而言,课程标准是大概念题目的参考类目。历史课程的课程标准中已经明确规定,教师在日常实施教学工作的进程中,要时刻注重学科概念,并以其为核心标准,构建结构合理的知识内容。在统编版教材中,历史教科书的编写应用了通史体例,课程的内容主要是世界历史、中国历史,并确定了 24 个专题,各个专题的名称都是相应历史时段的特征、主要线索提炼出的,最大限度地概括历史发展阶段的特征。在深度学习视角下,中学历史进行大概念单元授课设计,能有效强化学生的记忆力与理解力,从而促使历史课程的学习更容易。在课程单元设计工作中,教师可以直接将专题名称视为大概念,结合教材中的具体内容,为学生进行更精细、深刻的教学与分析。此外,在实际进行的过程中,教师还可以充分利用课程标准,再次加工专题内容,将大概念更加准确地提炼出来。单元教学设计工作在实际落实的过程中,应该将基础设置为历史课程内容标准,认真分析课程标准对各个专题所提出的要求,从而系统地分析课程标准与学习内容,理清各个知识点与内容之间的内在关联性,保障学生的学习。

综上所述,在深度学习视角下中学历史大概念单元授课方式应该进一步改革,以保障学生对相应知识点的把握与能力的提升。在本部分的研究中,笔者针对相关问题,提出了对单元目标进行梳理促使主题目标明确、通过任务驱动完成对大概念的建构、利用教学评价进一步落实大概念等优化策略,对中学历史课程后续的教学与发展也具有重要的作用,对学生综合能力的提升与发展也具有理论性意义。

第三节　中学历史深度学习的主题教学设计

一、主题教学与深度学习

主题教学,就是通过提炼教学核心观念或教学主题,师生围绕主题进行课堂探究活动,从而掌握史实,发展学生思维。主题并非课题,关于主题的分类,我们经常见到的有单元主题、课时主题、跨学科主题等。基于以时空观、唯物史观、史料实证、历史解释、家国情怀这五大类为重点达成某一种核心素养,我们可以把中学历史的主题分别划分为以历史线索为中心、以历史概念为中心、以史料实证为中心和以家国情怀为中心四个部分。

深度学习强调师生围绕挑战性学习任务,参与式学习,理解知识的内在逻辑,培养高阶思维能力,学会知识的迁移与运用,形成正确的价值观。学生只有参与式学习,深度投入课堂,才能让家国情怀真正在学生心目中落地发芽。学生只有以主体身份深度学习整合过的知识,才能培养思维能力,才能真正学会借助唯物史观的方法和史料来解释历史。

主题教学和深度学习之间是何种关系呢? 主题教学这种教学方式也促进了学生深度学习的发生。深度学习理论认为:学习者只有在整合过的、形成体系的、有价值的知识中,才能形成新知识的意义建构,这是实现深度学习的"物质基础";碎片化的知识细节、无意义的知识网、无核心和无灵魂的知识脉络只能暂时储存于学生的记忆中,而无法达成学习者的深度学习,无法触及学习者的心灵深处。因而,只有在主题教学中,在由浅入深、环环相扣、相互联系的知识群中,学生的认知才能一步一步深入,思维、情感才能一步步升华,才能感受历史现象背后的历史方法、历史思维、历史价值观,从而形成促进自己发展的内在力量。可见,主题教学以其"统整性"和"灵魂性"促使学习者全身心参与学习,引发学习者的共鸣与思考,即达成深度学习。

在深度学习理念下,进行中学历史主题教学的策略探究,对落实学科核心素养有巨大的价值,有利于提高课堂效率。简言之,深度学习理念下中学历史主题教学研究,就是通过主题教学的教学方式,达成深度学习的过程,落实学科核心素养的目标。

二、深度学习下中学历史主题教学设计的重要性及可行性

(一)重要性

1.有效提升教学效率

从深度学习视角出发,为学生设计主题学习方式,对于提升历史课程教学的效率有积极的促进作用。传统的单一化教学方式无法调动并提升学生学习的兴趣,影响了历史课堂教学活动的顺利开展,所以教师在实际教学中要科学运用深度学习模式,以学生学习效率的提升为目标。主题式教学的设计以分层为基础,主题式教学能够为学生深度学习提供良好的条件,促进学生积极探究历史知识,从整体上提升学生的学习能力和素养。

2.促进三维目标的实现

传统教学目标的设定不科学,应和学生学习能力、素养的培养相结合。教师在讲述历史课程时要明确教学目标,让学生掌握基础知识以及技能,在学习的过程端正学习态度,培养积极的情感以及价值观等。

(二)可行性

1.学科特点适应主题式教学

中学阶段历史学科自身的特点、历史学科的时序性以及整体性和实

证性特点,有利于主题式教学的开展。

2.部编教材编写特点的适应性

在中学历史课程教学过程中,教师采用主题教学方式开展教学活动,和部编教材的编写特点是相符合的,教材的知识点比较简练,为主题教学方式的应用提供了可能,教师可以将知识点进行有机串联。

三、深度学习下中学历史主题教学设计措施——以部编版教材为例

深度学习下中学历史主题教学设计中,教师要结合教材的特色以及教学的要求和学情,科学设计教学,以提升学生的学习质量。以下几点设计措施的实施可供参考。

(一)问题链设计突出主题

深度学习下历史主题教学工作开展过程中,教师要在问题链的设计方面加强重视。学生学习历史知识的过程,要从疑问开始。教师通过问题链的设计来突出主题,可以促进学生深入探究学习。从深度学习的角度设置问题链,教师要能准确把握问题情境的关联性以及前后的连贯性,将问题链的递进性凸显出来,对学生学习主动性和积极性的激发、调动起到促进作用。问题链设计要强调新旧知识的连接,要通过激活旧知识来促进学生对新知识的探究学习,提升学生探究问题的积极性。教师在问题链的设计方面要以学生为主体,通过问题导向来促进不同层次学生进行思考,从而提升课堂教学的质量。

历史教材当中涉及的内容比较多,因此,教师在选择相应的课程讲述时,要让学生产生深刻的印象,通过问题链的科学设计调动学生对历史知识探究学习的兴趣。

(二)细节设计彰显主题

中学历史课程涉及面比较广,教师在课堂教学当中要选择性地进行

细化讲述,结合学生对历史知识的认知特点,从细化的内容层面进行优化设计,让学生在学习历史中不仅能掌握相应的知识,还能丰富情感,调动学生对历史知识学习的积极性,从而调动学生深入探索的积极性。教师要通过将历史细节加以科学化运用,将教学的主题彰显出来。历史是由无数细节构成的,细节渺小但真实,精彩又灵动。中学生在心理层面的发展还不成熟,在对一些历史事件的了解以及理解方面还存在着不足,教师要有针对性地进行讲述,为学生学习能力、综合素养的提升打下坚实基础。教师只有以学生为中心创新历史教学内容,才能真正提高学生的历史素养,为学生可持续学习、发展打下基础。

(三)优化教学结构,促进主题教学

教学中,教师要及时转变教学观念,以学生为中心,优化教学结构,通过科学化运用主题教学促进学生综合学习能力的提升。历史教师对教学结构的优化构建能对课程教学的质量产生直接的影响,所以教师在实际教学主题的设计中要按照相应的顺序进行落实。历史教学中,教师在课堂上对学生的学习有积极的引导作用,教师能够解决学生学习当中的困难。在教学改革要求下,教师要学会放手让学生学习,为学生提供相应的学习思路;学生只有在自主学习的情况下,学习的能力、素养才能得到有效提升,才能真正实现高质量的学习,为可持续学习、发展打下坚实基础。教师在为学生讲述历史课程内容过程中,要结合具体的内容进行优化设计,将教学的结构和培养学生素养的需要结合起来,从而真正提高学生学习的质量。

总之,中学历史课程涉及面比较广,教师在实际教学中要以学生核心素养的培养为目标,重视教学方法的创新应用,通过主题教学方式促进学生深度学习探究,从而为历史课堂教学质量的提升打下坚实基础。

第四节　中学历史深度学习的史料教学模式

一、史料实证素养与深度教学的内在关联

随着课改的深入，核心素养成为课堂教学的重要目标，也成为基础教育课程新的目标追求。史料实证作为历史学科重要的核心素养之一，是历史学科的特征，也是辨析历史的关键能力与方法。当前课程改革要求教师在深度教学过程中引导学生掌握学科核心素养，追求教与学的有效性，达成深度教学与核心素养的相互契合。因此，深度教学、史料实证素养之间有着内在的关联。

（一）培养史料实证素养是历史教学的追求目标

坚持落实立德树人的根本任务，是普通中学历史课程的目标。学生在学习历史课程的过程中，不仅要掌握必备的历史知识，还要培养历史学科核心素养，促使自身全面以及可持续发展。历史学科核心素养包括时空观念、唯物史观、历史解释、史料实证以及家国情怀，表明了历史学科对培养学生的新要求，同时也对历史课堂教学提出了新要求。历史具有过去性和不可逆转的特性，我们无法重回历史，因此，要认识历史只能依靠史料这一信息载体。史料实证指的是通过对来源不同的史料进行辨别与分析，从中获取可信的史料，努力还原历史真实的态度与方法，是学生认识和学习历史所特有的思维品质，是理解和解释历史的关键能力与方法，是培养学生历史学科核心素养的重要方法和路径。因此，培养学生史料实证素养是历史教学所追求的目标，是历史教学改革的方向，也是教师转变教学理念、改进教学方式、探索新的教学模式的方向。

（二）深度教学是落实史料实证素养的重要途径

深度教学和核心素养均体现了一个理念——"授人以鱼不如授人以

渔"。核心素养的根本出发点和最终归宿是培养全面发展的人,这也是新时期教育的新目标。要实现这一新的目标,需要新的教学方式和教学理念的支撑,使传统的"学科本位"课程真正向"学生本位"课程转变。深度教学以"知识建构、能力发展、培育素养"为价值追求,为学科核心素养在教学中的转化提供了实现的路径,是落实学科核心素养的有效途径之一。

史料实证素养是历史学科核心素养之一,更是形成其他核心素养的必要条件,其强调学生的主体地位及证据意识的养成。从选择学习的课题、搜集整理分析史料,到运用史料论证,再到最后得出结论,都离不开学生的参与,体现了"学生本位"的课堂理念。历史深度教学是学习者在指导者的引导下,以史料为载体,积极主动参与学习活动,进入"真实的"历史情境,发散历史思维,获得可持续发展的学习过程。通过历史深度教学,学习者不仅成了课堂的主人,而且还激发了其内在学习动力,通过积极参与解决历史和现实问题,发展高阶思维,获得情感体验,形成正确的历史观、世界观、人生观、价值观,为未来的生活和发展打下基础。历史深度教学和史料实证都是为了实现立德树人的根本任务,历史深度教学是落实史料实证素养的关键途径,二者存在着密切关系。培养高阶思维能力是史料实证的目标之一,而史料实证只有借助深度教学才能进一步推进。这也是历史学科核心素养在历史课堂中"落地"的过程。

二、基于史料实证素养培养的深度设计

史料实证素养的培养是一个循序渐进的过程,中学时期是培养的黄金阶段。中学历史深度教学是由教师的教和学生的学共同组成的,培养学生的史料实证素养除了要深挖教材,还需要深度设计教学活动。在中学历史深度教学中,通过营造良好的学习环境,在课程标准和学生学情的基础上深度设计教学目标,根据教学重难点精选史料创设历史情境,设计探究性活动,将教师讲述和学生活动相配合,落实学生的史料实证素养。

（一）营造深度教学环境

深度教学的实现需要教师营造和谐、良好的学习环境,包括学习氛围、师生关系和学生内在的学习愿望。因此,基于学生的个体表现及行为方式,教师可以通过激发学生内在的学习动机、建立平等的师生关系和创设良好的课堂氛围,使学生在民主、和谐的学习氛围中加强学习自觉性,为学生深度学习奠定环境基础。

1.激发内在的学习动机

学习者积极、主动的学习行为是深度教学的重要特征之一。内在的学习动机来自学生的好奇心、求知欲,也是学习最好的老师,只有在内在学习动机的驱动下,学生才能更加快速地提高学习效率。同理,在历史课堂教学中,学生只有对历史课堂充满兴趣,带着想要探索真实历史的好奇心,积极主动地去靠近历史真相,才能更好地促进历史课堂深度教学。

但是,在实际教学中,不少学生并不是发自内心地想要学习知识。为了更好地激发学生的内在学习动机,教师应建立平等的师生关系,营造良好的课堂氛围,并重视培养学生搜集、分析史料的能力,让学生更好地参与到课堂中,成为历史课堂的主人。

2.建立平等的师生关系

良好的师生关系是指在教学过程中师生形成的平等关系,这不仅是完成教学任务的必要途径,也是开展深度教学的基础。传统的教学模式以教师的教为中心,这样很难让学生发挥主观能动性,容易形成"教为本位"现象。首先,建立和谐平等的师生关系主张改变传统的师生关系中教师权威的观念,教师可以通过人格魅力、和蔼可亲的性格鼓励学生。只有当师生互相信任时,教师才能发挥出引导作用,让学生更加积极地投入学习中,更好地发挥深度教学的功能价值。其次,教师要尊重学生,每个学生都是一个独立的个体,都有着自己的性格,教师要保护学生的人格和自尊心,尊重学生思维发展的不同,通过启发式教学方法调动学生思维的积极性,培养学生的高阶思维能力。最后,师生之间要加强沟通,以便教师及时掌握学生的学习状况,并根据学生的学习效果进行教学上的调整,促进学生的深度学习。因此,教师要不断提升自己各方面的素养,不断完善自己,建立平等和谐的师生关系,激发学生内在的学习动机,促进学生的发展。

3.创设良好的课堂氛围

课堂教学是在一定的课堂环境和课堂氛围中进行的,良好的课堂氛围是进行深度教学的前提。积极的、生动的课堂氛围能激发学生内在的学习积极性,使学生保持兴奋的状态,在学习过程中体会到学习历史的乐趣,为深度学习奠定基础。因此,一切可以为历史课堂提供支持力量的资源都应该被充分利用起来。首先,教师要将自己的情感投入历史课堂教学中,调动学生的积极性,与学生产生情感共鸣。其次,教师在上课前要进行预评估,预测学生对哪些知识难以理解和把握、对哪些知识兴趣不高,然后在教学设计中适当穿插小故事、运用小技巧,以重新调动课堂氛围,激发学生学习的兴趣,使其更有效地进入深度学习的状态。

(二)深度设计教学目标

教学目标是深度设计教学的关键部分,是教学实施中最重要的环节,决定着教学实施的方向,指导着教师进行教学设计。它不仅是教学评价的重要依据,而且其完成的程度将影响下一课教学目标的制定。因此,深度设计教学目标是实施史料教学的关键所在,教师要立足于课程标准,从学生的学情出发,深度解读教材内容以制定教学目标,并在教学目标的指导下开展教学活动,以更好地落实教学目标,达到准确可测的要求。

1.深度把握课程标准

课程标准是教学实施的指导性依据,也是课程评价的基本依据。历史课程标准明确提出,历史教师应从发展学生历史学科核心素养的角度制定教学目标,将核心素养的培养作为教学的出发点和落脚点。课程标准强调发挥历史学科的育人功能,由"三维目标"向"历史学科核心素养目标"转变,超越了浅层学习所强调的获取知识,更加关注知识背后所包含的价值,重视培养学生的高阶思维能力,使学生能更好地适应未来社会的发展。在以前的历史教学中,部分教师以高考大纲为指向,认为让学生记忆了基本史实、掌握了教材内容就可以了。其实这样的理念很难培养学生的高阶思维能力,也很难使学生成为未来社会所需要的人。现在的高考试题偏向考查学生的学习理解能力、实践应用能力、迁移创新能力等,加大了对高层次历史学科能力的考查。因此,开展深度教学刻不容缓。在历史深度教学中培养史料实证素养,教师要深度把握课程标准,基于教学内容和知识点,以历史学科核心素养为基础制定教学目标,真正实现"一课一魂"的教学立意。

此外,教师还需要把握课程标准中对于史料实证的水平划分及学业质量标准。历史课程标准中定义了史料实证素养的内涵:对获取的史料进行辨析,并运用可信的史料重现历史真实的态度与方法;对"史料实证素养"的培养标准划分为四个水平,并根据这四个水平制定了相应的四项学业质量标准。这对于中学历史教师指导不同水平的学生进行史料教学、检测学生达到的史料实证素养水平具有重要的指导意义。① 史料实证素养培养标准的四个水平的难度是层层递增的,其侧重点也有所区别。水平1侧重"技术性"方面的要求,即史料的类型、获取途径和提取信息,这一要求更多地指向对历史学习过程的要求,根据史料的来源和特点对史料进行了分类,教师可以据此检验水平1达到的效果。水平2侧重对不同史料价值的判断和运用,属于分析、运用层面上较高的认知水平要求,教师可以根据学业质量标准判断水平2达到的效果。水平1和水平2是学生在中学阶段学习历史应具备的最基本的要求,也是绝大部分学生应完成的最低目标。水平3在水平1、2的基础上进一步提出了学生运用史料的要求,即通过使用多种类型的史料互相验证,最终得出更科学、深刻的解释。教师应该进一步引导学生大胆勇敢地怀疑、小心谨慎地求

---

① 徐永琴,何成刚.高中历史史料实证素养水平1—4解读与教学建议[J].天津师范大学学报,2019(2):45—51.

证①,运用多种考证方法,如"二重证据法""多源互证法""三次序材料解决法"等,培养学生实证意识。水平4是高考命题的依据,其基于前三种水平提出了更高的水平要求,要求学生在探究问题的过程中,能像史学工作者那样对不同的史料进行分析、运用,并进行探究、论述,教师可以根据学业质量标准进行判断。当然,因为学生个体有所差异,其学习水平和发展的程度也不一定总是一致的,所以,教师在制定教学目标时应将史料实证素养的四个水平中最本质的内容进行融合,并将其落实到历史教学实践中,以提升学生的整体素养。

2. 深度了解历史学情

分析学情、预估学生的最近发展区,是中学历史深度教学的基础。维果斯基提出的"最近发展区",是指受教育者现有发展水平和未来发展水平之间的差距,他认为"教学必须走在发展前面",这是教学的最佳发展期限,教学应该只有让学生的最近发展区转化为现有的发展水平才能推动学生的发展。教学目标的制定应基于学生的现有发展水平,但是又要超过其现有发展水平,使学生通过不断的努力就可以实现教学目标的要求。如果要进行深度教学,就需要将学生已有的知识经验与新知识结合起来,那么教师不仅要了解学生现在掌握了什么、能够完成什么、对什么感兴趣等,也就是知道学生的能力在哪里,而且还要确定学生的潜在发展水平,这个潜在发展水平不是学生努努力就能达到的,它比学生现有发展水平要高得多,是学生个人现有能力短期内无法实现的水平。只有了解了学生的学情,才能制定出适合学生的教学目标,过于简单的教学目标难以激发学生的学习兴趣,而过于难的教学目标又背离了教育学中建构主义理论。根据皮亚杰提出的"认知发展理论",中学生已经具有抽象逻辑思维,他们已经不受具体可感知事物的束缚,可以运用假设、演绎、推理等手段解决具体的问题,能从多维度对事物进行思考并解决问题。因此,在这一阶段采用深度教学理念进行教学对于中学生而言刚刚好。

---

① 王德民,赵玉洁.史料教学于学生的证据素养培育[J].历史教学,2015(19):59—62.

例如,人教版高中历史必修一《国共的十年对峙》一课,授课对象是高一学生,从知识层面来说,学生在初中阶段已经详细学习过这一时期的内容,对国共十年对峙的历史已有初步的了解。但是由于某省的历史中考是采取开卷形式,不少学生上课的时候只是画画重点,考试结束后就把所学知识忘得差不多了,所以学生可能是掌握了一些零星的、不完整的知识点,但关于这些史实之间的联系、框架的建构及这段历史在中国革命史上的地位缺乏整体的认识。从思维层面来说,高中生的理性思维和逻辑思维在这一时期得到快速发展,对知识的认识上升到了理性认识的高度,因此,高中是培养学生学科核心素养的重要时期。刚刚升入高中的学生,史料意识和实证意识都不太强,有待进一步提高。所以,对于本课,教师应减少对史实的介绍,而应通过文献、图片、日记等多种类型的史料,创设历史情境,制造认知冲突,多维度、有层次地设置问题,建构课堂框架,帮助学生系统全面地学习该课的背景与过程,体会民主革命的艰难,落实历史学科核心素养。

(三)基于史料创设情境

复杂的学习情境是促进学生深度学习和教师深度教学的大熔炉①。中学历史深度教学是基于问题情境的教学,而基于史料创设情境有利于学生更加靠近历史、感知历史、"神入"历史。因此,教师可以以史料为基础,合理创设历史情境,让学生主动分析历史事件,参与历史教学活动,这样不仅有利于学生更好地理解、体会、实践史料实证的过程,巩固、活化、扩展所学知识,还能提高学生迁移运用史料解决历史和现实问题的能力,体会到通过史料实证解决问题时所带来的喜悦感和幸福感,从而成为培养学生史料实证素养的重要切入点②。

1. 创设冲突性情境
历史学科是一门具有思辨性的学科,创设冲突性情境凸显了历史学

① 李松林.基于深度学习的课堂变革[J].四川教育,2018(1):21-22.
② 李碧珍.促进深度学习的初中历史教学实践[J].福建基础教育研究,2019(2):76-78.

科的本质。很多时候,具有一定颠覆性和冲突性的情境往往会让学生感到诧异①,只有依托具有冲突性的情境才能更好地调动学生的求知欲,刺激学生产生疑问,为开展中学历史深度教学提供支撑点。因此,在中学历史深度教学中,运用与教材内容相悖的史料或与学生所认可的知识相反的史料,创设具有冲突性的情境,利用启发式教学促进学生产生思维的碰撞,这样无须教师提问,学生自然而然会主动思考究竟哪个是真实的,并主动从人类的过去中寻找历史证据,充分调动了学生的探究欲望,引导学生批判质疑,使学生由被动学习者变成主动探究者,提高了学生运用不同史料进行互证的意识。同时,这些史料的价值不同,可信度也不同,学生通过对史料进行互证来判断史料的价值,从史料作者视角分析史料,从时代背景分析问题,不仅探究了历史问题的答案,还深入思考了问题,从而培养"论从史出""史论结合"的素养,发展了历史思维,树立了正确的历史观。

　　例如,在讲述关于朱元璋的相关知识时,教师可以展示关于明太祖朱元璋的两张形象差异大的画像(来自不同版本的中学历史教材),并提出问题:这两幅画像哪个更接近真实的朱元璋,有什么考证的办法?② 教师带着求证的态度,以开放式问题激发学生思考。学生看到两张差异如此之大的画像时,就产生了诧异的感觉,被置身于冲突性情境中,瞬间就点燃了探究的欲望:为什么同一个人会有两张差别如此大的画像? 当学生在思索考证的办法时,首先想到搜索这两张画像的来源,思考究竟哪一个才是真实的朱元璋,在这一过程中想到用其他史料对画像进行证实,其实这就在无形中提高了学生搜集史料和史料互证的能力。而在学生运用逻辑思维形成结论的过程中,教师应引导学生从画像完成的时代背景、社会环境方面进行思考,让学生知道在不同的时空环境下,由于评判的标准不同将导致对同一个历史人物体貌言行不同的描写,学会从史料作者的立场和意图出发,更好地认识历史。

①　魏勇.怎么上课,学生才喜欢[M].北京:中国人民大学出版社,2016.

②　李元亨.审问慎思处,明辨笃行之[J].中学历史教学参考,2019(7):65—68.

2. 创设生活性情境

学习历史并不仅仅是学习知识,更是为了实现学以致用、以古鉴今,从历史里发现社会发展的规律,认识古人的智慧,掌握历史研究方法和提升历史思维能力才是学习历史更重要的意义。通过创设生活性情境,将教学与生活相结合进行讲解,可以使学生更容易产生熟悉感,能更好地激发学生学习历史的内在动力。

我们的生活中充满了历史的痕迹,关键在于我们能否从这些痕迹中发现其价值并利用它。在中学历史深度教学中创设生活性情境主要有三种途径:第一,从学生感兴趣的现实问题出发,可以将社会热点、时事新闻作为情境创设的材料。笔者在研究过程中发现,如果在课堂上讲述一些时事热点,能很好地引起学生的有意注意,能更好地集中学生的注意力,调动课堂氛围,很多学生会积极参与这些话题并发表自己的看法,逐步深入到历史课堂学习中。由此可知,将热点问题与教材内容结合起来更有利于学生对史实的理解,让学生从现实生活中感受到历史的存在感。第二,基于我们所处的城市、家庭在时间的长河中产生的变化的资料创设情境,如文化馆、历史遗址遗迹等都蕴含着多种多样的史料。例如,在学习"宗法制"相关内容时,教师可以让学生搜集自己家族的资料,寻找族谱,带领学生一起梳理家族关系,让学生加深对宗法制的理解的同时掌握搜集史料的方法,意识到历史不仅是过去发生的事情,还存在于现实生活中,与自己息息相关。第三,教师对历史材料的补充解读,可以使用图片史料、实物史料等进行推理,或使用现代信息技术再现当时的场景。在课堂教学中适时插入一些纪录片,借助视频、图像及声音等方式,营造浓厚的教学氛围,引导学生更好地了解当时的时代背景,激发学生进一步体验的积极性,从而更为客观地分析、感悟历史问题,能从多角度探究历史问题得出结论,并将掌握的历史知识与技能迁移运用到新的情境中解决实际问题,让学生感受到历史处处影响着生活。

(四)设计问题引领学习

历史学不仅需要用史料解释问题,还需要有逻辑思维的参与,因此设计能够引导学生进行分析、阐述和论证的问题是培养学生史料实证素养的关键。问题的设计决定了史料的价值,但是在一些中学历史课堂中,经常充斥着"对不对""是不是"等类似缺乏诱发性和挑战性问题,很难激发学生学习的内在动力,更难培养学生的史料实证素养。深度教学强调教师创设具有挑战性问题,推动学生积极主动学习,在发现问题—分析思考—解决问题的过程中,要鼓励学生勇敢地说出自己的观点,并通过搜集分析找到支撑自己观点的依据,真正实现"论从史出",落实史料实证素养。

1.设计指向了解同情的问题

陈寅恪先生指出,在进行历史研究时要回到那个历史时代当中,把自己作为当事人进行思考、探究,实现"了解之同情"。史学家的任务是探索真实的历史,而历史教师的任务是使学生"神入"到那个历史时代,通过同情历史,产生情感的共鸣,促进学生审视自己的价值,树立正确的历史观。在历史课堂中,很多学生习惯用现在的眼光去批判历史,这是对古人的苛责。因此,设计"了解同情"型问题,不仅是中学历史深度教学的重要环节,也是培养学生史料实证素养的要求。要回答这些问题,学生就需要基于史料提取有价值的信息,搜索历史事件的发展线索,借助原有的知识经验,将历史史实串联起来,建构历史知识网络,达到深度教学所要求"信息整合"的要求,最终培养历史思维。

2.设计指向辩证分析的问题

提出问题的目的是引发学生对史料进行多维度、发散性思考。如果我们将某一历史记叙奉为绝对真理,那么将很难接近真实的历史,这也违背了历史深度教学的本质,使学生容易在学习过程中失去判断力,导致学生不会主动思考,机械式地接受别人的观点。这样的学习也很难培养学生求真求实的品质和落实史料实证素养。因此,设计指向辩证分析的问题,既是中学历史深度教学的关键部分,也是史料实证素养培养的要求。对一份史料进行过分解读容易偏离史学研究"孤证不立"的原则,当然这并不意味着为了得到结论而堆砌史料,而是要展示多角度和多类型的史料,如一手史料和二手史料、正面证据和反面证据、出土文物和传世文献等,通过辩证分析不同角度和类型的史料,寻找其联系,从而得出科学合理的结论。此外,通过解决这类问题,学生可以基于史料的一些基础信息,如来源、类别、作者的观点等,对多则史料进行验证、判断史料的价值,基于批判性思维分析历史。这样不仅探究了历史问题,而且推动学生深入思维深处进行深度学习,"孤立不正""史论结合""史料互证"的意识能在无形中渗透到学生的思维中,使其建立辩证唯物史观,进而树立正确的历史观。

3.设计指向生成性的问题

只有当学生真正成为历史知识的所有者,并对其有自己的见解和思考,这样的历史教学才算是成功的教学。解决了一个问题并不代表思维的结束,历史教学的目标是学生在解决问题之后可以生成新的问题、新的见解,这也是深度教学的重要体现。在教学中,很多时候问题的设计来自教师根据教学目标的预设,而对于学生问题的生成并不重视,甚至有时候学生回答的答案与预设相反时教师还会选择忽视。教学的原点是学生,教师应该心怀学生,跟着学生走,通过不断追问使学生不断思考,推动学生思维的深入发展。因此,教师应鼓励学生自己提出问题,学生在参与问题设计的过程中也是自我反思的重要体现,而教师设计开放性问题,使学生能够生成新的问题,在这个过程中将知识系统化、逻辑化,最终将知识内化、生成为自己的东西,并且能够将这种知识技能运用于解决未来生活中可能面对的问题。此外,教师也可以开展对话教学,在师生、生生之间的辩论争鸣中培养学生的质疑精神,使学生通过质疑产生问题、搜集史料、引导探索、探索获得发现、史料辨析论证,最后形成实证精神,将学生的认识引向深处。当然,在这个过程中,教师的充分准备和合理引导是非常重要的,教师要善于接受预设之外的答案,对于学生提出的问题要进行指导和解决,通过追问使学生明确问题并主动分析资料、搜集证据进行思考,在思考的过程中生成新的问题,培养学生的批判性思维。

(五)深度参与探究活动

探究活动是培养学生思维能力的重要载体。中学历史深度教学离不开探究活动。中学历史深度教学应注重学生主体地位的体现，强调学生能够在探究活动中积极参与课堂教学，乐于思考，进一步拓展历史学习的深度和广度，提高历史学科核心素养。基于培养史料实证素养的中学历史深度教学下的探究活动包括两种：一种是课堂探究活动，教师提供史料，引导学生对其进行分析、推理、论证、运用，并得出历史结论；另一种是课外活动教学，教师设计一个学习主题，引导学生发挥主观能动性，在搜集历史的过程中学会区分史料的类型、提取有效信息、认识史料的价值，并在课堂上进行交流，学会对问题进行互证以及多角度论述历史问题，感受"做中学"的乐趣。

1. 开展基于史料研习的课堂教学活动

指向史料实证素养的中学历史深度教学，必是重视史料研习的课堂教学。中学历史学科课程标准中明确指出："历史教学要以培养学生的历史学科核心素养为目标，要开展基于史料研习的活动。"高中统编版教材选修课程设置了《史学入门》《史料研读》，可以看出国家对学生掌握史料研习方法的重视。史料研习活动除了能体现历史学科的本质，还能引导学生从多角度理解历史。在史料研习探究活动中，教师要以学生学情为基点，以阅读为手段，以对应的问题为引擎，以历史思维驾驭研习活动，以知识与技能为辅助，引领学生对史料进行分析解读，甄别史料的真实性及价值，最终落实学生的史料实证素养[①]。第一，引导学生思考史料的史源，即史料的观点是什么、谁写的、在什么时间地点创作的、为什么要创作，从作者所处的时代、身份、地点、目的等多方面思考史料的有效性。第二，分析史料的语境，即在什么背景下产生的、有何关联、是面向大众还是私人、后人对其理解是否一致，通过史料的纵向比较来理解运用。第三，辨析史料的价值，即同时代还有什么其他的史料、哪种较为可靠，通过横向比较同时代的史料，能够认识不同史料的价值，从多种视角分析该史料。第四，精读史料，即史料的主张是否客观、从语气用词方面能否体现

① 陈德运，赵亚夫.论史料研习新路径：指向深度学习的模型构建[J].课程与教学，2020(7)：73－78.

作者的意图,在辨别作者意图的基础上运用史料。

在中学历史深度教学中开展史料研习活动要不同于以往的常规研习活动,研习理念要从"掌握知识"向"探究问题"转变,关注史料研习的过程,侧重学生对史料的理解和迁移运用,通过与史料的对话培育未来社会所需要的人,实现教育立德树人的根本任务。在中学历史深度教学的过程中,教师通过创设学习主题,使学生围绕具有挑战性的任务,激发其积极探究思维的想法,而学生则基于教师提供的史料,对其进行探究加工,并结合多种方法不断靠近历史真相,最终达到"求真"的目的。此外,在开展史料研习教学活动中,学生将知识内化,不断靠近历史真相,批判性地理解历史知识,在这一过程中形成的思维和方法是可以迁移和运用的。

2. 开展基于调查研究的课外教学活动

基于调查研究的探究活动课是培养学生历史思维能力的重要途径,对于提高历史学科核心素养也有着重要的意义。随着课改的深入推进,教学的时空、内容、方式都发生了改变,历史教学不仅在课堂中,还在实践课中,向课外发展,将学习与现实生活联系起来,让学生体会到生活中处处有历史。除了课堂上教师提供的史料,我们的生活中也蕴含了很多史料,如遗迹遗址、博物馆、纪念馆等,在课外探究活动中学生的历史思维能力和史料实证素养都得到了提升。基于调查研究的历史教学活动主张最大程度地发挥学生的主体性,学生以教师提供的活动主题为背景,自己进行社会实践活动,主动搜集史料,在此过程中学会区分史料的类型、提取有效信息、认识史料的价值;而教师则引导学生在辨析史料的过程中树立考证精神,对活动问题进行研究,并在课堂上进行交流,学会对问题进行互证以及多角度论述历史问题,使学生在活动中感受到学习历史的乐趣,从而培养学生的历史史料实证素养。

第四章

中学历史深度学习的
课堂案例教学法

第一节　案例教学法的教学过程

　　课程改革鼓励培养学生自主、合作、探究性学习的能力,倡导教师在教学活动中运用多种教学方式来激发学生的学习兴趣,使学生初步形成正确的世界观、人生观和价值观,成为拥有良好综合素质的合格公民。案例教学法是以案例为教材,在教师的引导下,学生通过对案例的分析和讨论,运用自己所掌握的知识解决问题,再获取知识。这样不仅有利于学生对所学知识的掌握,还能充分培养他们的探究性学习能力。案例教学法顺应了课程改革的发展,让学生改变被动式的学习方式,化被动为主动,在掌握知识的同时学会学习的方法,因此案例教学法在中学历史教学中的实行是十分必要的。

一、教师选编教学案例

　　案例教学法是以案例分析为基础来开展讨论,因此案例的质量在很大程度上决定了一节课的效果。如果案例不合理,将会导致案例教学法无法开展,学生讨论不积极,达不到预期的教学效果。所以案例的选编是十分重要的,需要具备以下四个特点。

（一）选择的案例要符合教学目标

每节历史课的教学内容都要围绕教学目标来开展,因此选择的案例要严格按照教学目标来选择,教师要根据教学目标和学生的知识基础来选择合适的案例,不能为了追求学生的积极性而去一味地选择趣味性强的案例,如果案例偏离了教学目标,再有趣的案例也达不到预期的目标。因此,选择的案例一定要以符合教学目标为大前提,在实现教学目标的基础上再进行优化。

（二）选择的案例要具有典型性

要选择与教学内容和教学目的有密切联系的正面或反面典型案例。我国的历史源远流长,历史资料不计其数,但一定要选择最具有代表性的案例,能让学生直观地从案例中掌握事件的本质,抓住案例的核心要素。

（三）选择的案例要具有冲突性

好的案例应该包括充分的疑惑,以引起丰富的讨论。学生只有面对取舍两难的境地,才能充分调动讨论兴趣,引发积极思考。如果案例是没有悬念的,学生一眼就能找到结论,就没有开展讨论的必要了。因此,好的案例一定要有冲突性,这样才能充分激发学生积极参与讨论的兴趣。

（四）选择的案例要具有趣味性

趣味性虽然不是选择案例最重要的标准,却是提高教学质量的重要因素。有趣的案例能够激发学生的兴趣,让学生愿意去思考;如果案例太平实或深奥,就很难引起学生参与的冲动,更别谈让学生参与讨论了。所以,有趣的案例能大大提高学生的学习热情,激活他们的历史思维。

案例的选择是案例教学法实施效果的重要保证,需要教师在平常的生活和工作中留心观察,扩大自己的阅读量,才能精心挑选出合适的案例。

二、教师设计思考题

选择好的案例后,教师就需要设计思考题了。思考题的设计是案例教学法能否成功的重要因素,好的思考题能充分发挥案例的作用,锻炼学生的思维能力,而欠佳的思考题会使学生偏离主题,无法达到教学目的。因此,思考题的设计尤为重要,教师在设计思考题时需注意以下两点:

(一)思考题的数量要少而精

因为课时的限制,所以在课堂上设计的思考题数量不宜过多,而且要有一定的深度,这样才能充分调动学生的兴趣及积极性,引发他们去积极思考。

(二)思考题要有引领性

教师不应为了提问而提问,而要引导学生积极思考,让学生根据问题,运用自己所学的知识回答问题、解决问题。所以思考题的设计一定要围绕案例展开,充分挖掘案例中的有效信息,让学生自己去寻求答案,激发学生探究性学习的积极性,让学生在探索中牢记历史知识。

三、学生课前学习案例

为了案例教学法的顺利开展,除了教师要提前准备案例和思考题,学生也应在课前先熟悉案例材料。由于课堂时间有限,为了达到更好的学习效果,教师可以在上节课结束时布置预习下节课的内容,让学生对学习内容有一个初步的了解。如果是比较长的案例,可以在课前发给学生阅读,没有预习,在课堂讨论时学生就会不知所措,提不起兴趣。所以,学生课前预习和提前学习案例是十分有必要的,不仅能提高了课堂效率,还能激发学生的探究兴趣,锻炼学生的思维能力。

四、学生成立讨论小组

为了课堂讨论的有效进行,对于比较复杂的案例,学生也可以在课前先成立合作讨论小组,一起阅读案例,一起讨论观点,为下节课的学习打下良好的基础,充分发挥团队合作的精神。

五、案例教学法的实施过程

笔者以《大统一的汉朝》为例,展现案例教学法在中学历史教学中的具体实施过程。本课所选取的案例是秦始皇和汉武帝的材料。之所以选择这一案例,是因为在这节课的教学中,汉武帝的大统一是重点,而上节课刚学完有关秦始皇的内容。秦始皇和汉武帝都是我国历史上为国家统一做出巨大贡献的人,通过对比秦始皇和汉武帝的功过,可以让学生学会正确评价历史人物。

(一)明确本课的教学目标和重点

教学目标:通过分析秦始皇和汉武帝的案例材料,评价两位皇帝在实现国家统一过程中的功与过;通过分析历史人物的多样化,培养学生的综合素质。传统的讲述法教学方式是由教师直接评价历史人物的功与过,学生只是负责听和做笔记,这种方式对学生起不到任何培养作用。历史课程标准中明确要求:要认识人民群众创造历史的作用以及杰出人物在历史上的重要贡献,吸取前人的经验和智慧;提高对是与非、善与恶、美与丑的识别判断能力,逐步确立积极进取的人生态度,形成健全的人格和健康的个性品质。

教学重点:让学生通过分析案例,掌握正确评价历史人物的能力,形成学生探究性学习的方法。

案例的讨论主题:将秦始皇和汉武帝的功与过进行对比,评价他们俩谁的功劳更大一些。

(二)教师导入教学案例

一节课能否完全激发学生的兴趣,教学案例的导入是十分重要的。如果案例导入得好,不仅能紧扣教学内容,还能激发学生探究的欲望,为课堂效果增色;如果案例导入的效果不佳,很可能会影响后面的教学。一般导入时间不宜过长,3分钟内最好。

本节课教师以问题情境的方法导入案例,具体过程如下:

教师提问:考一下大家,同学们知道"惜秦皇汉武,略输文采"是出自哪首诗吗?

学生回答:知道,出自毛泽东的《沁园春·雪》。

教师提问:同学们知道刚才那句诗里面出现了哪两位历史人物吗?

学生回答:秦始皇和汉武帝。

教师讲述:秦始皇和汉武帝都是大家非常熟知的历史人物,他们都是在我国历史上为国家统一做出巨大贡献的人。接下来大家和老师一起阅读下这个案例,我们一起来了解一下秦始皇和汉武帝的故事。

(三)教师指导学生对案例进行分析

导入后,教师指导学生阅读案例,让学生进入历史情境,从案例中找到重点。

教师课前就应要求学生做好本课的预习工作,并通过网络、书籍、电视、手机等途径,了解秦始皇和汉武帝的相关事迹和评价。学生在初步了解的基础上对案例进行分析,有助于激发讨论的热情,从而大大提高课堂的效率。在学生有了初步了解的基础上,教师就可以引出思考题了。

首先,通过第一个案例,让学生了解秦始皇是一个怎么样的人,了解秦始皇为了实现国家的统一,做出了哪些伟大的贡献,又有哪些不足的地方。引导学生理清思路,让学生学会分析历史问题,依据史实形成正确的历史观。

其次,通过第二个案例,让学生了解汉武帝是一个怎么样的人,了解汉武帝为了实现大一统,做出了哪些贡献,还有哪些不足。引导学生在评价历史人物时,不仅要看他对历史的贡献,还应该看到他的不足。

第三,通过前面两则案例,让学生从多个角度客观分析秦始皇和汉武帝的功与过,并把他们的功与过进行对比分析。

(四)教师组织学生对案例进行讨论

教师组织学生参与案例讨论是案例教学法实施的重要环节。通过这一环节让学生提出解决问题的方案,使学生掌握有关专业技能、知识和理论,有效地提高学生的口头表达能力。传统教学都是以教师为主角,学生只是听众,学生的想法得不到表达。而案例讨论能充分调动学生的积极性,让他们都能尽情地表达自己的观点,在表达自己观点的同时,还学会了倾听他人的观点。

在本节课中,教师设计的讨论主题是"将秦始皇和汉武帝的功与过进行对比,评价他们俩谁的功劳更大一些"。之前,学生已经对秦始皇和汉武帝的案例进行了阅读,教师也让学生通过多个角度对他们的功劳和过失进行了分析,接下来将让学生通过分组讨论的方式来进一步探讨主题。每个讨论小组人数不宜太多,4~6人最好,人数太多会影响讨论的效果。学生先在小组内讨论,之后由小组推选一位发言代表,将小组的观点在班上进行交流。

学生是本节课讨论的主角,为了让每个学生都乐意参与讨论,教师要尽量创造一个宽松自由的讨论氛围,这样才能充分调动学生参与的热情。教师要鼓励每个学生勇敢地表达自己的观点,并及时发现每个学生身上的闪光点,激发学生的讨论兴趣。

在学生讨论案例的过程中,教师不要觉得自己的任务已经完成,可以休息了,教师还需要对学生的讨论适时地给予引导,及时发现问题并予以解决。

(五)教师进行案例总结

在学生对案例讨论完毕后,最后的收尾工作就是进行案例总结。教师要分析整个案例的重难点,归纳学生的基本观点,并给出正确结论;还要对案例讨论中学生的表现给予评价,对于学生在讨论中暴露出的问题要及时给予指导,对学生在讨论中表现优秀的地方也要给予表扬。教师要教会学生从多个角度来解决问题,和学生一起寻找最佳的解决方案,使学生养成探究性学习的习惯。

六、案例教学法的教学评价和反思

课程改革认为有效的教学评价能增加学生的自信,发挥学生的学习积极性。因此,在课堂教学内容完成后进行有效的教学评价是十分重要的。只有通过总结、评价,才能发现教师和学生在运用案例教学法的过程中暴露的问题,再经过总结优化,才能不断地提高教学和互动的能力,最后达到教师与学生的历史知识同步增长的目的。

(一)教师的自我评价

一节课结束后,不仅要对学生的学习情况进行评价,更重要的是教师的自我评价。教师通过自我评价,总结自己在教学方法、教学过程中的闪光点和不足,不断总结归纳,才能提高教学质量。例如:自己的课前准备是不是充分?通过案例教学法这种方式,学生是不是热情参与和积极思考了?学生是不是喜欢这种教学方式?本节课的学习是不是完成了教学目标?学生是不是通过案例教学法的方式获得了更多的知识,还学会了探究性学习的方法?等等。教师只有通过这种不断提问和反思才能取长补短,提高自己的教学能力,使学生在今后的历史课学习中有更多的热情。

(二)学生的自我评价

在教学内容结束后,不仅教师要进行自我反省,学生也要对自己在这节课中的学习效果进行评价,学会反思,学会自己找出问题并解决问题。学生通过反思,可以发现自己在学习中存在的问题并进行调整,获得更多的学习经验。

（三）学生的相互评价

很多时候学生意识不到自己身上的不足，长此以往很容易养成一些不好的学习习惯。学生之间的相互评价，不仅能帮助学生找到自己身上的不足，提高学习能力，还能让学生学会接纳他人的意见，提高综合素质能力。

（四）教师对学生的评价

这种评价主要是考查学生的学习情况和课堂参与情况。对于学生在学习过程中的缺点和优点进行评价，能够真正客观和全面地确认学生所达到的学业水平。教师对于学生表现不够好的地方要及时指出，并纠正学生的一些错误的理论；对于学生表现好的地方也要给予适当的鼓励，对他们表达的观点进行肯定，这样有褒有贬的评价能充分地调动学生的积极性，让他们下次有更好的表现。

不管是对教师的评价还是对学生的评价，都要抱着"有则改之无则加勉"的态度。如果是值得分享的经验，今后可以继续实施；如果是发现了身上的不足之处，就吸取经验，争取下次做得更好。通过教学评价，教师和学生都能发现自身的一些不足之处，促使自己的教学水平和学业水平不断提高，真正实现教学相长。

第二节 案例教学法的应用范围

一、历史案例教学法实施的理论依据

（一）建构主义学习理论

建构主义学习理论认为，知识不是绝对正确的，它只是一种解释，是学习者对客观世界的能动的主观反映,会随着人类的进步被不断扩展。所以,学生学习历史时不应该死记硬背,而是要学会针对具体问题情境选择合适的学习方法。此外,每一个学生的社会背景都是不同的,每个学生的经验背景、兴趣乃至认知风格都是独特的,因此,他们对于知识的理解也有所不同。教师不能无视学生已有的经验背景,而应该学会有针对性地引导学生利用原有知识体系,更有效地完成学习任务。建构主义学习理论认为,知识不是单独存在的,而是存在于情境化的活动中。所以,学生可以在教师创设的历史情境中形成新的认知结构。

案例教学法强调学生的主动建构和团队协作,鼓励学生以案例为基础,在具体情境中以问题为线索,在相互交流讨论中获得新知,启发思维。在案例教学法实施过程中,学生要转变被动学习的现状,主动对案例进行分析,建构知识体系,自主解决问题;教师也要转变角色,精心设计教案,鼓励学生利用案例和已有知识独立地解决问题,成为能够引导学生自主学习、培养学生知识建构能力的授业解惑者。师生间的互动探究能够促进学生知识建构,在课堂上形成相互影响、相互促进的人际关系。

(二)有意义接受学习理论

有意义接受学习理论是由美国的奥苏伯尔提出的,他根据学习者认知结构和学习材料之间的关系,将学习分为机械学习和有意义学习。有意义学习是指学习者在新旧知识之间建立一种非人为的实质性关系,从而将新知识纳入原有知识结构之中。有意义学习的条件主要有:新的教学内容没有超过学生可以理解的范围,是符合学生知识水平的;学生有想要进行有意义学习的心向;学生原有的认知结构中必须具有能够与新知识发生联系的适当概念,并积极主动地将二者联系起来,使新知识获得意义,更新原有认知结构。这种联系越是紧密,越有利于学生吸收新知识、运用新知识。

同时,奥苏伯尔又以学生学习的主动程度为依据,将学习分为接受学习和发现学习。他强调接受学习是当前课堂教学中最为普遍的教学方法,因为历史知识的特殊性,历史教学中的案例主要通过教师进行呈现,但这并不意味着接受学习一定是机械的,它也可能是有意义的。在案例教学法实施过程中,学生对教师提供的案例和材料进行自主探究,尝试利用原有的认知结构去理解新知识,最后将新知识纳入认知结构中,更新认知体系。这种学习方法就属于有意义的接受学习,可以在学生对历史知识的理解和记忆过程的基础上,加深学生对历史知识的整体把握,它注重学生之间的合作性探究学习,有助于帮助学生构建自己的历史框架和历史脉络。

(三)认知心理学理论

美国心理学家布鲁纳提出了认知—发现学习理论,该理论中包含了学习观和教学观。在学习观中,他强调学生学习历史知识不应该是被动灌输,也不应该是机械背诵,而应是主动发现学习,积极主动地构建自己的认知结构。认知结构是学生头脑中所有知识观念的内容和组织的总和,就像是运用一种特殊的编码系统在这些知识观念之间建立起稳定的联系和架构。布鲁纳还认为这种认知结构对学生的后续学习和知识建构有很大的作用,他认为只有建立起认知结构,学生才有可能在另一种情景下懂得如何运用头脑中的知识。认知结构形成的过程主要是获得、转化和评价。在面对新事物时,学生能够准确地提取新知识,而在获得了新的知识后,无论新旧知识之间的联系如何,都会在已有的知识结构上有所提高。

这一理论十分符合中学历史教学中运用案例教学法的过程,教师在编写或者选择案例的时候,首先会考虑案例的合理性和有效性,在掌握了这节课的基本结构的情况下选择最合适的案例;其次教师通过呈现案例营造一种历史情境,使学生更能沉浸其中,激起学习兴趣,使新知识和学生的原有认知结构产生联系;之后教师要引导学生对案例中的历史事件进行质疑、思考,通过相互交流讨论得出结论;最后教师对学生的答案进行归纳,帮助学生掌握。

二、案例教学法促进中学生历史知识建构的适用性

（一）符合中学生心理特点

中学生正处于由儿童向青少年发展的重要阶段，他们在生理和心理都可能会有巨大的改变。青春期的学生对自己的行为有一定的约束能力，但是心理还没有发展完善，情感丰富但不稳定，这会对他们的学习和生活产生很大的影响。

中学历史教学涉及中学生的记忆力、注意力和想象力等方面的能力运用。在这一阶段，中学生的记忆速度明显变快，不断从以直观形象记忆为主向以抽象理解记忆为主发展，即学生逐渐可以通过概括分析从具体的历史事件中总结出联系，然后根据自己的思考与同学交流讨论，在交流中发散思维，最后得出结论。而案例教学法通过呈现精选的案例营造历史氛围，使学生更易于感受到真实的历史情境。学生通过再造想象在自己的头脑中形成相应的画面，以想象的形式对历史知识进行记忆。这样的记忆方法比机械记忆更加符合中学生的认知特点，更有利于中学生对历史情感的感受，记忆的效果也更好。因此，学生在具体的案例教学实践中更易于学到知识建构的技巧，发展思维能力。

记忆的前提是注意，学生只有对教学内容保持高度注意，才能收到更好的记忆效果。中学生注意力维持时间较小学生有所增长，自我控制能力也在增强，但枯燥的教学必然让其注意力难以长时间集中。虽然中学生能够理解一些基本的抽象概念，但还不够成熟，对于抽象概念的学习还需要感性知识的支持，更需要教师考虑学生原有的知识经验背景。中学生的思维经常受到具体形象成分的影响，对许多问题的理解很多时候都停留在表面、直接的关系上。这就要求历史教师在教学的过程中不能将历史知识概念化，而是要提供给学生必要的历史案例，使学生的注意力更多地集中在教学上，引导学生进一步探索和感悟历史。案例教学法中的案例由历史史实改编，具有故事性，生动有趣，对于初中阶段的学生较有

吸引力,能够激发他们的学习热情,为后续的知识建构提供动力。

(二)符合当前中学历史课程改革的要求

课程改革发展至今,对于历史教学的要求已经有了很大的变化:从之前的只注重学习结果,到现在的既注重学习结果更注重学习过程;从之前的历史课堂以教师为主体,到现在的以学生为主体;从之前以教师讲授为主要教学方式,到现在的师生问答、学生讨论、教师引导下学生自主学习等多种教学方式综合运用。课程改革要求教师和学生改变自己原有的角色,教师由原来的教学主体变为学生学习的引导者,学生从原来的知识接受者变成知识的主动建构者。案例教学法主张以学生为学习主体的理念,完全符合课程改革要求,而课程改革的相关理念和要求是可以通过课程标准中具体条例进行解读的。

《义务教育历史课程标准(2022年版)》(以下简称"课标")对中学历史教学规定了三个方面的课程目标。

首先,课标在知识与能力方面要求学生了解多种历史呈现方式,提高历史的阅读能力和观察能力,形成符合当时历史条件的一定的历史情景想象;初步形成重证据的历史意识和处理历史信息的能力,逐步提高对历史的理解能力,初步学会分析和解决历史问题。案例教学法能以呈现案例的形式让学生对历史问题有更加深刻的理解,从而围绕历史案例,对提出的问题进行交流讨论和总结。在这一过程中,教师要引导学生积极主动地分析问题,不止帮助学生得到问题的答案,还要让学生明确是如何得到这一答案的。而且有些问题的最后答案并不是唯一的,学生可以从多角度进行回答。在这一系列活动过程中,学生会逐渐提高自身的知识建构能力,加深自己对历史的理解,形成对历史新的认识。

其次,课标在过程与方法方面要求学生经过分析、综合、比较、概括等思维过程,形成历史概念,进而认识历史发展的时代特征和历史发展的基本趋势;学会对历史事实进行理解和判断;通过搜集资料、掌握证据和独立思考,初步学会对历史事物进行分析和评价。案例教学法中,学生从案例中辨别、提取关键信息,积极主动思考分析,与同学相互协作,既促进了学生对历史学习方法的运用,还培养了学生团队协作的精神。小组成员合作对历史知识进行探究与学生独自进行思维活动其实并不矛盾,学生在从不同的角度思考,独立探索,并得出自己的答案后,又能在交流中互相激发灵感,得到更佳的结论。学生分成多个小组研究案例问题,不仅可以通过集中交流不同的答案来互相弥补个人思维上的不足,还能学会如何和他人、集体合作交流,提高人际交往能力。

最后,课标在情感态度与价值观方面要求学生增强民族自信心和自豪感;逐步形成对国家、民族的认同感,增强历史责任感;逐步形成面向世界的视野和意识;逐步形成尊重科学、崇尚科学的意识,树立求真、求实和创新的科学态度;逐步确立积极进取的人生态度,形成健全的人格和健康的个性品质。案例教学法中,学生通过对案例的思考来感悟历史,在学习先烈勇往直前的精神和对祖国深深的热爱的同时,吸取历史中出现的经验教训并引以为戒。学生通过案例回顾历史事件,在感悟历史的同时联系自己生活实际和当今社会,有利于提升社会责任感。

(三)符合历史知识建构的要求

建构主义理论提出两种知识的建构机制,分别是同化和顺应。而在案例教学法中,学生的知识建构也是同化和顺应的过程。同化是指学生将新知识整合到自己原有的认知结构之中;顺应是指案例呈现后,学生以原有的认知结构无法消化理解这一新知识时,改变甚至重建自己的知识结构来接受新知识。同化和顺应在学习过程中必不可少,而且常常一起出现,有机融合在新知识与原有认知结构相互作用的进程之中,共同促进学生思维的发展。案例教学法反映了建构主义的学习理论,可以培养学习者建构取向的认知方式。学生通过分析案例学到新的知识,并根据问题对案例进行自主思考,然后分组进行交流讨论,在小组讨论中激发灵感,集思广益,更进一步地分析问题,最后对问题进行归纳总结,教师则引导学生产生新的疑问,为下一阶段的知识建构奠定基础。在这一过程中,学生不仅优化了自身的认知结构,深化了对历史知识的理解,而且为之后的问题解决提供了思路、积累了经验。智力和能力的提升都只能依靠自身的努力,很难通过别人的"告知"直接得到。而案例教学法正是致力于引导学生自主进行知识建构,从而熟练掌握历史知识。

另外,历史教学的主要内容是过去的历史事件和人物,与学生的实际生活经验存在距离,因此历史学习需要学生深入历史情境并真切地体会历史。而案例教学法营造的情境会让学生更好地感受历史事件,将枯燥的历史知识变得生动有趣,使学生可以对历史教学内容产生更多的共鸣,因此,学生能够更加主动地参与历史案例解读,锻炼解决问题和构筑知识体系的能力。

案例教学法强调学生畅所欲言,发表自己独特的看法,教学也不再偏重教师的"讲",而在于提高学生的参与度。这样的教学方式对于提升学生独立的思考能力、培养他们的个性和创造性有所裨益。此外,案例教学法的使用有助于学生在讨论中产生思维碰撞,形成一个具有积极意义的认识核心和群体,同时有利于学生形成积极向上的学习心理。

第三节　案例教学法的主导与调控

一、案例教学法中编制案例和设计问题的原则

(一)选择和编制案例的原则

案例的选择和编制是教学工作的第一步,选择和编制一个合适的案例是运用案例教学法促进中学生历史知识建构的重要前提。教师想要顺利地实施案例教学法,达成既定的教学目的,就需要在选择和编制案例时遵循以下原则。

1. 真实性原则

案例的真实性主要指两个方面:一方面是指案例中的事件和人物都

真实存在,能够在史料中找到真凭实据。历史是客观、真实的学科,它追求的是还原历史的真相。在历史教学中,教师不能随意编撰一个不存在的历史事件来对学生进行教学。另一方面是指案例中的人物是虚拟的,但事件贴近历史情境。在选择和编制案例时,教师可以采取编制一个虚拟历史人物的方法,但是历史事件必须贴合真实的历史情境。而且教师在呈现案例之前,应该将这一案例的真实程度提前向学生进行说明。

2.针对性原则

在案例教学法中,案例是举足轻重的一个因素。教师呈现案例应该有的放矢,不能只是单纯地讲一个故事,而应带着明确的教学任务,使学生在这个案例中发现问题并进行分析,发表自己的意见和看法。所以,教师在选择案例时要综合考虑教学目标、教学内容和教学的重难点等。案例教学是通过教师与学生的互动进行的,学生在这一过程中起着十分重要的作用,因此案例的选择与编制要针对学生的实际情况进行调整。学生对于较难的案例不理解,随后的教学就难以展开,知识建构也难以完成;而过于简单的案例无法激发学生的求知欲望,学生也就缺少继续进行下一步知识建构工作的动力。只有选择适合学生实际情况的案例,学生才能够在分析案例时,从自己已有知识和生活经验中找到能起到联系作用的观念,才能从案例中获得感性认识,产生情感共鸣,将这节课的内在要求转化为自身的学习动力,从而主动对这个问题进行深入的理解,完成知识建构。

3.可读性原则

在编写案例时,教师还要考虑案例的可读性。教师要对案例进行精加工,使其更加符合自己的教学要求。一方面,案例的可读性是指一个案例应该是完整的,要有时间、地点、人物等重要情节,而且简明易懂、生动形象。学生更易于理解和接受这样的案例,从而能够据此进行更为深入的思考。如果案例的内容只是一个历史人物的言行片段或是对于某一历史事件的单方面评价,那不能算是一个完整的案例,学生也不能据此做深入的探讨。另一方面,案例的可读性是指案例要符合中学生的认知水平。

中学生的抽象思维发展还不成熟,抽象思维的运用还需要一些感性认知的支持。所以,案例应该具有可读性、趣味性。同时案例的编法还要考虑中学生的阅读水平,晦涩难懂的案例对于中学生而言比较难以理解。比如,案例以大段文言文的形式呈现,可能就超出了学生的知识储备,学生很难从中提取到案例隐含的关键信息,也很难将案例和自己的已有知识联系起来,对新知识的建构过程将变得更加艰难;相反,生动有趣的案例能吸引中学生的注意力,而且更易于他们理解,有利于促进学生知识建构的发展。

4. 启发性原则

案例不是单纯地对历史事件进行还原和解释,而是要让学生在对案例的思考过程中,构建起自身的认知结构。所以,案例要有启发性,要能够促使学生原有的认知结构与新知识相互作用,从而激发学生思考,使学生能够自主探究问题,提高知识建构能力。也就是说,案例要能够引起学生的认知冲突。那么,教师编制案例时就要深入了解学生,考虑学生的最近发展区,既要保证案例在学生可以认知的范围之内,又要保证案例难度是学生需要投入思考才能解读的程度。案例的选择是要为一定的教学目标服务的,教师不仅要通过呈现案例使学生知道这个历史事件,而且要启发学生在被创设出来的历史情境中分析这个历史事件,获得新知识,更新自己的认知结构。学生在对具有启发性的案例进行学习之后,能够提高自身的历史学习能力,在面对其他不同的问题情境时,也能够自主利用已有知识经验,借助知识的迁移将相似的问题妥善解决。

(二)案例教学中设计问题的原则

案例的构成应该以问题为中心,创设学习者解决问题的两难困境,并列出一些待答的研究问题,作为以问题为中心的教学策略。案例教学中问题的设置十分重要,好的问题可以使案例中教育性因素充分发挥作用。

1. 指向性原则

案例问题的提出是为了引导学生分析案例、为了实现教学目标,而不是单纯地为了增加互动、活跃氛围。如果教师只是为了提问而提问,不注意提问的针对性,可能会制造出历史课堂气氛变得活跃的假象,但实际上学生的思维在很大程度上没有得到启发,更不用说激活思维和建构知识体系了。这就导致师生之间的互动失去了应有的作用,教师的教也难以达到预期的教学效果。所以,问题应该围绕教学的重难点提出,让学生能够对重要的知识进行深入剖析。

案例教学法凭借能引起学生认知冲突的案例和问题来激活学生的思维。但如果教师设置的问题过难,可能只有较少部分学生能对这个问题进行解答,其余学生难以参与问题的探究;如果设置的问题过于简单,学生很容易就能对答案达成一致,几乎不用过多思考,这样的问题并不能起到训练学生历史思维能力的作用。实施案例教学法的最终目的就在于提高学生的知识建构能力,拓展学生的历史思维。所以,问题的设置要把握住度,要适应学生的学习水平。问题设置的最佳难度就是学生需要通过自己的努力解决这个问题,从而获得继续学习的动力,使学生再次面对相似的问题情境时,能更加积极主动地投入其中,提出不同的意见,进而开展合作探究,全面构建认知结构。

2.层次性原则

在案例之后呈现的问题可以引导学生的思路,帮助学生解析案例,所以,教师应该根据学生的认知发展规律对案例问题的设置进行考虑。在历史学习中,学生认知发展的规律性主要表现为学生从认识历史发展的趋势和规律向自主利用历史规律解决实际问题发展。在这一过程中,教师对学生知识建构的培养要遵循其认知发展规律,通过逐步提高问题的难度促进学生思维不断深入,一步步引导学生对案例问题进行深入探究。

二、运用案例教学法促进中学生历史知识建构的途径

案例教学法有利于学生获得感性认识,通过自主或合作思维活动,将感性认识进行建构,寻找事物之间的内在联系,完善自己的知识体系。历史教学应尽量让学生体验到从具体知识到抽象知识的完整转化过程,直

接告诉学生结论无法使学生构建起自己的认知结构。学生想要真正将新知识内化进自身的认知体系,需要经过一个复杂的知识建构过程。

(一)设计新课导入,激发学生建构心向

建构主义理论认为,教学应该是学生积极地构筑自身知识体系的过程。案例呈现后,学生应积极主动寻找新旧知识之间存在的联系和能够在新旧知识间建立联系的关键信息。所以,案例教学法对学生知识建构的促进的第一个步骤便是要引起学生知识建构的心向。建构心向是指学生积极主动对知识进行建构的倾向性。能够引起学生建构心向的案例既要符合学生的认知特点,又要可以引发学生的认知冲突。想要在历史课堂中激起学生的学习兴趣,促进其知识建构的实现,导入的方式方法十分重要。在导入环节运用案例教学法,可以有效地达成这一目的。

(二)利用教学示范,教授学生建构方法

教师不仅要关注学生探究问题的结果,更要注重学生分析、解决问题的过程。教师不仅要教给学生历史知识,更要教授他们解决问题和构建知识的方法。鉴于中学生的心理特点具有可塑性和向师性,教师的思想观念和行为举止会无意识地对学生产生影响,教师可以通过示范的形式教授学生知识建构的方法。学生通过对教师的模仿习得历史学习的方法,有利于学生有目的、有章法地对学习内容进行分析和概括,有利于学生通过对知识内在逻辑结构的分析,掌握历史知识的本质规律。

(三)组织学生合作探究,促进知识体系建构

任何认识的获得都要经过实践的检验,只有在实践之中,学生才有机会真正地提高学习技能和学习能力。知识体系也是学生在实践中建构出来的,因此为学生提供解决实际历史问题的机会是促进学生知识建构能力发展的重要途径,也是检验知识建构成果的重要手段。在学生通过一系列学习活动获得新知识后,教师应给学生制造更多独立分析和解决问

题的机会,让学生能积极主动地进行思维活动,自行构建认知结构,内化历史知识。

教师的教学成果取决于学生自主学习的成效,任何教学的完成都要建立在学生自主实践之上,学生的学习也离不开合作探究。案例教学法强调发挥学生合作互助的精神,主张学生共同讨论案例以深化认识。为此,教师要注意激发学生的学习积极性,引导学生参与小组讨论,并在学生需要时提供帮助,防止学生的讨论偏离主题,促进学生对问题进行深入的思考。

(四)归纳总结教学内容,促进学生知识内化

为了促进学生认知结构的构建和思维能力的发展,教师不仅要重视对教学过程的归纳总结,还要重视引导学生对自身学习过程的归纳总结。归纳总结是一个能够让学生对案例教学内容进行提升、巩固的教学环节。案例教学法实施过程中,学生在对具体案例进行分析、思考和解决后,建立起了初步的认知结构。这一过程中,学生的学习对象主要是具体的案例情境,学到的历史知识并不是完全精练的,所以最后的归纳总结十分必要。另外,教师还应该对教学的全过程进行反思、总结和提高,对自己的教学优点和不足形成正确的认识,以便继续完善,更好地促进学生知识建构能力发展。学生也要对自己的认知过程进行回顾和再现,有意识地反思自己的思维活动,发现自己认知的不足之处,不断总结知识建构方法,从而改进思维方式,更新知识结构。

学生知识建构能力的培养过程是学生从在教师的帮助下对教学内容进行分析,到逐渐学会自主进行知识建构的过程,这一过程类似于支架式教学模式。教师对教学内容进行归纳总结,将全篇的知识连成一条有逻辑的知识链,帮助学生对重点知识形成更为深刻的认识,这一过程有利于学生系统地掌握历史知识结构。学生在教师多次示范后会逐渐掌握知识建构的程序性知识,并在实践中对学习过程中一个或多个历史案例进行

总结讨论,提炼出历史发展的趋势和规律,将历史知识由具体问题向抽象知识转化,建构起知识网络体系。

知识建构能力的发展是一个复杂的、长期的过程。知识的建构需要经过教学的导入、案例的分析、问题的解决等一系列学习过程才能完成。在这一复杂的学习过程中,教师对学生各方面能力的培养最后促成了学生知识建构能力的提高。学生知识建构能力的提升并不是经过一次教学就能够完成的,而是在一次次的实践中不断改进的。

第五章

中学历史教学重点和难点

第一节　中学历史教学重点基础认知

　　无论是日常备课、大赛设计还是听、评课活动,教学重难点都是教师必然遇到的课堂要素。教学重难点到底是什么? 如何确立、突破教学重难点? 对此,优秀的历史教师需要追问与探讨。

　　对教学重点的界定,理论界所积累的成果并不多。笔者查询相关著作、期刊,列举主要观点,具体如下:

　　1.历史教学重点必须依据教学目的来确定,必须是教材中中心课题或中心内容,必须是对历史发展起决定作用或产生重大影响的历史事件和历史人物。

　　2.所谓重点,是指在历史发展的全过程中占重要地位、有重大影响、起重要作用的历史知识。就一节课而言,它是指全课中最能体现教学目的的部分。

　　3.所谓重点,指的是教材中起主导作用的内容,是理解该教材的关键。

　　4.教学重点,是指这节课中最主要的知识和思想教育内容,是为完成教学目的所必须着力讲授的部分。它是组成历史发展基本线索的主要内容和环节,是教学中的关键部分。

　　5.所谓重点,指的是课文的主要内容,是基本线索的主要环节,在实现教学目标、完成教学任务方面起主要作用。

　　6.教学重点,是指教学目标中所要完成的最基本、最主要的内容,而确定教学重点应该以教学目标为根本依据。

7.从理论上讲,教学重点是体现教学目标要求的最本质的部分,是集中反映教学内容中心思想的部分。从实际操作上讲,一节课的重点是该课教学内容中最基本、最重要的部分。

8.教学重点,主要指确定的学习目标、学习内容和学习方式。确定的学习目标指教师在教学过程中要帮助学生制定发展目标,这种发展目标的核心要符合学生实际的学习目标。

9.教学重点,是指从教学目标出发,在对教学内容进行科学分析的基础上确定的最基本、最核心的教学内容,通常是指一门学科所阐述的重要概念、原理、规律、技能,是学科思想方法或学科特色的最集中体现。

从上述观点所界定的教学重点可看出,界定教学重点的视角与落脚点涵盖了史学要素(历史事件和历史人物)、教材观点、教学目标、课文内容、学习目标、学习内容、学习方式、学科思想方法与学科特色等,在更广泛的意义上,这些"依托点"都可与教学重点发生关联,并提供不同教育语境的规范与诠释。当然,在更深层面上,教学重点指向课堂目标。倘若将教学重点归属于教学内容,它无疑是教学内容的核心部分,是实现课堂目标的最重要的依托。

第二节　中学历史教学重点的依据与策略

一、确立中学历史教学重点的依据

从上述教学重点的诸种界定可以看出,确定教学重点的"支撑点"有着不同性质与类型,具体可分为以下两种。

(一)外在的可能性依据

外在的可能性依据主要指实践中的、可能的外在关联,据此划分教学重点的凭借与支撑。从这一维度看,主要包括历史事件的作用和影响、教材的内在联系和主从关系、对学习历史所起的作用等。

1.历史事件的作用和影响

一节课的教学内容可能涉及多个历史事件,确定某个历史事件是否是重点要看它在整个历史进程中的作用和影响。比如,《三国鼎立》一课,通常涉及官渡之战、赤壁之战等重要战役,它们都是三国时期以少胜多的重要战役,二者究竟哪个是重点内容,就要看其对历史发展的全局性作用和影响。官渡之战促进了曹操统一北方的进程,赤壁之战奠定了三国鼎立的局面,二者相比,赤壁之战对那一时期历史发展的作用更大,因此应做重点处理。

2.教材的内在联系和主从关系

历史教材内容源自课程标准,既有一定的指向性,又有其自身编撰的系统性。在确立教学重点时,需要考虑教材的内在联系和主从关系,依据某一知识在教材内容中的地位或作用进行辨别与确立。比如,《百家争鸣》一课中的孔子,作为儒家学派的创始人,孔子的教育活动不但培养了众多学生,而且他在实践基础上提出的教育说为中国古代教育奠定了理论基础,并且在整个教材内容体系中占有重要地位,因此应将孔子及其思想作为本课教学重点。

3.对学习历史所起的作用

"以学定教"是新课程的教学理念。在课堂教学中,重点往往也是变化的,变化根据之一就是学生的实际情况,教师可根据学生的学习基础和知识本身的特点及难易程度,再结合学生的理解水平来确定教学重点。比如,学习《改革开放》一课前,教师所做的学情调查如下:

学生1:改革开放进程中的世界潮流和国际环境分别是什么?

学生2:"十一届三中全会标志着中国进入改革开放的新时期。""南方谈话和十四大标志着改革开放步入一个新的阶段。"对这两句话感觉不是很清楚。

学生3:家庭联产承包责任制调动了农民的积极性,使得农业取得大丰收,但是现在的土地流转现象很多,粮食产量继续上升。这二者矛盾吗？

学生 4：教材中开放经济特区部分，"给予两省更多自主权"，财政上试行"中央统一领导下大包干的办法"是什么意思？

从反馈的问题看，学生对改革开放，特别是对改革开放进程中如何酝酿伟大的历史性转折和现代化建设的新阶段等的理解还有一定困难；对家庭联产承包责任制和今天"土地流转现象"之间的关系认识不清；对如何进一步突破改革开放进程中一些具体细节和教材中的相关表述存在疑虑。要解决上述问题，势必要对改革开放中的关键点做更深入的挖掘，以此学情为出发点，因此本课的教学重点为从理解改革开放的阶段性来体会改革开放的艰巨性和复杂性。

（二）内在的根本性依据

内在的根本性依据主要指根据内在的学理分析及其决定性的根本关联，据此划分教学重点的凭借与支撑。从这一维度看，主要包括教学立意和课堂教学目标。

1. 教学立意

这是决定一节课教学重点的最根本性的依据。从上述实践中外在的可能性依据看，无论是根据历史事件的作用与影响，还是依据教材的内在联系和主从关系、对学习历史所起的作用等支撑点来确定教学重点，都只能是外在的可能性判断，这样的判断在实践中有一定的指向性效果，但并不恰当与准确。比如，《美国联邦政府的建立》一课，有的认为"美国联邦政府的建立"既是标题，又贯穿了教材三个子目的内容，它就是本课的教学重点；有的认为本课涉及美国独立后的形势、"1787 年宪法""两党制"等多个史实，"1787 年宪法"无疑具有最深远的历史影响，也是最重要的，它就是教学重点。这些看法有一定道理，但如果细加考量，似乎仍存在疑问："美国联邦政府的建立"属于历史事件，它虽是标题，但与单元主题"近代西方资本主义政治制度的确立与发展"所强调的"政治制度"有一定区别，以此来确定教学内容，不免偏重联邦政府建立所涉及的时间、人物以及相关事件等,涉及政治制度的内容反而不多;"1787年宪法"可能更接近政治制度,不过它属于文献法典,涉及内容面广,以此来组织教学内容也有可能走偏。事实上,一堂课的教学重点最终取决于教学立意。本课相关的课程标准要求是说出美国"1787年宪法"的主要内容和联邦制的权力结构,比较美国总统制与英国君主立宪制的异同;而本课所属的单元主题是"近代西方资本主义政治制度的确立与发展",实际上是要强调欧美资产阶级代议制的确立及其特点。本课的立意显然要突出制度变迁,彰显美国资产阶级代议制的特点。代议制的内容十分繁杂,涉及议会制度、政府制度、政党制度等多个方面。如何突出其特点?课程标准要求"说出联邦制的权力结构""比较美国总统制与英国君主立宪制的异同",这并不是要从政治学意义上"说出""比较",而是要从历史角度具体地加以说明。各国家的发展道路都有所不同,欧美资产阶级代议制也各有自身的特点:英国是渐进式的发展道路;美国在北美大陆确立了史无前例的共和国;法国确立共和制的道路艰难而曲折;德国是统一和制宪两个主题并行。在制度层面上,代议制在这些国家的表现也各有差异。如何历史地说明美国政治制度的确立?如何历史地分析美国资产阶级代议制较其他国家代议制的不同?这应为本课教学内容的聚焦所在,也应成为本课的教学重点。

2.课堂教学目标

从学理上看,教学目标决定教学内容。无论是历史事件的作用和影响,还是教材的内在联系和主从关系,抑是对学习历史所起的作用,这些外在因素最终都以与教学内容的关联呈现出来,而其关联背后的指向,仍在于课堂教学目标的达成。从这一意义上讲,依据课堂教学目标也可以确立教学重点。

综合起来看,如何确定教学重点,其依据背后折射了一定的教学理念。以历史事件的作用和影响或以教材的内在联系和主从关系为依据确立教学重点,一定程度上折射了"知识决定论";以对学习历史所起的作用为依据确立教学重点,反映了考查依据开始向"学生中心论"倾斜;而依据课堂教学目标或教学立意确立教学重点,则又回归到教学重点的本质诉求上。尽管以课堂教学目标确立教学重点缺乏某些实践抓手,以教学立意确立教学重点更有一定的操作难度,但是,它们毕竟是衡量教学内容是否能成为教学重点的内在标尺,值得优秀历史教师在实践中探讨与追寻。

二、突破历史教学重点的策略

依托教学重点的内外支撑点,将其在实践层面的不同维度加以归纳,可形成以下突破教学重点的具体策略。

(一)聚焦历史教学立意的内容指向

教学重点与教学立意的内在关联最为紧密。教学重点作为教学内容的聚焦所在,其内容指向与本课教学的立意紧密相连。更直观地说,它是映射教学立意、达成教学目标的最重要的载体,内含着体现教学立意、教学目标的多个内容维度。教学重点的解决,不可能一蹴而就,在多数情况下,其解决过程需要若干个关键"节点",需要相关的内容支撑。要解决教学重点,可将教学立意聚焦的重点内容分为若干个关键"节点",逐次、分类加以突破。比如,《美国联邦政府的建立》一课,根据教学立意,其教学重点主要在于如何历史地说明美国政治制度的确立、如何历史地分析美国资产阶级代议制较其他国家的不同。解决上述教学重点需要阐述美国政治制度能够确立的若干历史因素,需要分析美国政治制度与其他国家代议制不同的多重"美国"特色。

首先是美国政治制度的历史因素溯源。美国政治制度为什么能够确立?一般的背景介绍是美国独立战争后,各州之间松散且缺乏联系,中央政府对内无法实现关税、货币和法律的统一,极大地阻碍了资本主义经济的发展;对外缺乏共同防御、抵御外敌的合力,美国统治阶层感到需要建立一个强有力的政府。如此的介绍能说明美国为什么要加强中央政府权力,却不能解释美国为什么要实行三权分立、分权制衡的共和政治体制。美国政治制度有自己的特点。至于美国为什么确立了"自己"的政治制度,与其自身独特的历史因素有直接关系。为此,至少需要分析以下两个关键"节点"。

"节点"一:与生俱来的"天赋人权"基因。

美利坚合众国的缔造者大多源属欧洲移民,他们曾受民族信仰的迫害和特权压迫,崇尚自由和民主,藐视封建传统,生而平等是他们绝大多数人的信念追求。《独立宣言》宣布脱离英国的理由,并不仅仅是所谓英国对北美殖民地的经济压迫,更重要的是其对"天赋人权"的信念追求。针对英国王权的限制,《独立宣言》宣称要解除与英王的一切隶属关系,联合殖民地从此名正言顺地成为自由独立的国家。可以说,"天赋人权"是北美十三个殖民地走向联合的观念基因,它催生美利坚合众国诞生的思想前提是人人在政治上都是平等的,政府只能从民众中获取应有的权力,政府存在的唯一理由是确保民众享有自下而上的自由和追求幸福的权利。其后林肯在著名的《葛底斯堡演说》中将这一思想精辟地概括为"政府应该是民有、民治、民享的"。美国为确保民众权利、防止政府专权而确立的三权分立政治体制,是这一思想基因的拓展与实践。

"节点"二:民间社会的契约精神和传统。

美国历史进程短,无大陆国家深厚的诸如专制、等级之类的封建传统。美国既没有欧洲意义上的贵族,也没有具有特权的教士阶层。美国立国之时,来自欧洲大陆的移民构成了美国早期社会的主体,其中又以"五月花号"船上的移民为典型,这些移民多为受英国统治者迫害的清教徒。为确保未来的秩序与自由,这些清教徒在登陆前协商并订立了《"五月花号"公约》,其基本理念恰恰是以清教徒信仰世界里的社会契约精神为依托:"为了上帝的荣耀,为了增强基督教信仰,为了提高我们国王和国家的荣誉,我们漂洋过海,在弗吉尼亚北部开发第一个殖民地。我们在上帝面前共同立誓签约,自愿结为——民众自治团体。为了使上述目的能得到更好的实施、维护和发展,将来不时依此而制定颁布的被认为是这个殖民地全体人民都最适合、最方便的法律、法规、条令、宪法和公职,我们都保证遵守和服从。"《"五月花号"公约》所表达的是清教徒自愿、自我社会管理以及社会自治的契约精神。此契约精神深深影响了美国早期殖民各州。"1787年宪法"将这种精神上升至政治制度层面,由此达成了联邦政府与地方各州的分权自治。

其次是美国政治制度的"美国"特色分析。美国政治制度自身有何特点？教材的一般介绍:美国是一个联邦制国家,联邦权力高于各州权力,各州可在不违背宪法的前提下制定地方法律,有一定的自治权;国家权力分为立法、行政、司法三部分,三者独立平等,但互相制约,以防止专制的出现。在课堂教学中,处理此部分内容的一般做法:用图表法示意三权分权与制衡;用案例法说明三权分立的关系,比如,用尼克松水门案、克林顿被弹劾案来说明国会对总统的制约,用罗斯福新政时期政府与最高法院的较量来表达司法与行政之间的分权与制衡。上述做法虽能使学生直观地认识美国政治制度的某些特点,却不免存有以下欠缺:一是用图表、案例直接加以说明,显然只揭示了其政治学特征;二是美国政治制度是不断发展演变的,尼克松水门案、克林顿被弹劾案属于美国现当代政治事件,并不能恰当反映近代美国政治制度的特点。笔者认为,如何历史地揭示美国政治制度的特点,既需要结合当时的具体历史条件,更需要适当梳理美国政治制度发展的源与流。为此,仍需分析以下两个关键"节点"。

"节点"一:三权分立与"立国"宪法。

美国联邦政府建立的初衷,虽为强化中央政府权力,却并非要建立中央集权。在课堂教学之中,有教师将其与封建专制王朝作对比,称美国实行三权分立是为了防止中央政府过度专权。这种提法显然没有考虑美国立国的特殊历程。如上所述,美国之所以实行三权分立,有其与生俱来的"天赋人权"基因。考察美国的建国历程,中央政府并不存在专权的可能性。从《独立宣言》宣布英属北美十三个殖民地的独立、1781年《邦联条例》声明的十三个殖民地的"永久联合",到《1787年宪法》所规定的"更加完善地联合",《1787年宪法》事实上成为美国的"立国"宪法。美国以立宪建国,宪法先于国家权力而存在,其立国机制决定了宪法在国内处于至高无上的地位,这也是美国有别于英、法、德等近代欧洲国家先立国后制定宪法的特殊之处。《1787年宪法》是美国联邦政府建立的依据,三权分立构成了美国国家权力结构的基本形式。在此种形式下,美国总统、议会都由民选产生,也都对选民负责。同为代议制,它与英国的君主立宪制有着显著区别;同为联邦制,它与德国相较,也有着极大差别。

"节点"二:分权制衡与州权妥协。

分权制衡是美国政治制度的特点之一。分权制衡是在何种背景、条件下确立的? 教学之中通常解释不清。在多数情况下,涉及相关的背景,教师会分析联邦政府强化中央权力的必要性、提到宪法制定者们达成了妥协,有的甚至还能提到这是一种政治智慧。如此分析,显然并不能揭示分权制衡机制确立的特殊背景,进而也就不能讲清分权机制确立的"美国"特色。为什么说这种妥协是一种政治智慧? 分权制衡究竟是如何实现的? 事实上,与欧洲大多数国家相比,美国的立国经验具有特殊性:州的存在早于联邦,州权先于联邦权。联邦政府成立之时,地方州权相当强势,中央权力微弱,分权制衡的政治机制正是建立在各州权力妥协的基础之上。联邦政府除拥有军事、外交等宪法明文列举的权力外,其他未经规定的权力仍分属于地方各州。即使是地方大、小州,其分权制衡也贯彻于参、众两院的权力分配之中:参议院议员名额采取大、小州平等原则,众议院议员名额依据各州人口;任何法案需经参、众两院批准才能生效,参、众两院互有对另一方的绝对否决权。上述分权制衡机制是美国政治制度的特色,它又是《1787年宪法》制定过程之中各州代表相互妥协的结果。这种妥协,虽远不及"用一只手去扑灭国内燃起的大火,同时能用另一只手在国外挥舞火炬"的法国大革命那般雄壮,却又是人类政治制度文明创建过程中另一番审慎、冷静与智慧的结果。

(二)落实与贯通历史课程标准的内容目标

课程标准是课堂教学的基本依据,其包含的内容标准既是设计教学内容的基础性依托,更是达成历史课堂教学目标的重要参照。在课堂实践中,可分析课程标准的内容要求,将其目标指向的重点内容落实于课堂。笔者以《明清君主专制的加强》一课为例,加以剖析。

1. 落实课程标准内容要求:历史课堂教学的重要内容基点

对于《明清君主专制的加强》一课,课程标准的内容要求是"了解明朝内阁、清朝军机处设置等史实,认识君主专制的加强对中国社会发展的影响"。在这里,"内阁""军机处"是基本的史实依托,通过其设置让学生"认识君主专制的加强对中国社会发展的影响"是最终旨归。由此,本课的重要内容基点包括:

(1)明朝内阁设置。这也是本课难点。一般的教学内容安排:首先讲述朱元璋以谋反罪诛杀胡惟庸,探究明初废相的原因;其次叙述明初废相后,鉴于政务繁重,不得不设置殿阁大学士以备皇帝顾问,后参与决策,"内阁"出现;最后补充与内阁相关的"票拟""批红",说明内阁的权力与局限。通过以上内容来揭示明朝君主权力的加强。更进一步的做法,有的教师还会比较"内阁"与"宰相"的不同:"内阁"的权力并不来自制度与法定地位,而是取决于皇帝个人的支持与信任,以此来强调"内阁"对皇权的依附,突出君主权力的强化。

(2)清朝军机处设立。这是清朝中枢机构的重大变革。通常的教学内容安排:首先介绍清初仿照明朝设置内阁、六部,康熙亲政后设南书房,内阁、议政王大臣会议与南书房相互制约,集权于皇帝;其次介绍雍正时设立军机处,处理军政要务,其特点是简、速、密,军机大臣品级不高,但都由皇帝亲自选定,大事由皇帝一人裁决,以实现皇帝专权。

通过以上内容基点,归纳明清君主专制的加强对中国社会发展的影响。这是教师处理此课内容时的一般做法。不过,倘若仅局限于上述内容,并不能达到最终目的。例如,有的教师总结以上两点内容后得出:明清君主专制的加强对中国社会发展的积极影响在于,有利于政局的稳定、多民族国家的统一和巩固,为"康乾盛世"的出现提供了政治保障;其消极影响在于皇权极度膨胀,高度集权的君主专制制度成为阻碍中国社会进步的重要因素。且不说这样的归纳脱离了具体的史实情境,与历史实际差之千里,即使非要将它们联系起来,也并不是如此简单的因果关系。明清君主专制的加强是否有利于政局稳定?是否有利于多民族国家的统一和巩固?是否有利于所谓"康乾盛世"的出现?其中的因果关系其实还需要进一步探究。

问题的关键在于,君主专制是一个复杂的议题,明清君主专制也有各自的不同。理解明清君主专制的加强对中国社会发展的影响,至少还需要解决以下问题:一是君主专制虽然意味着皇帝专断,但也并非完全不受限制。中国古代社会自皇权产生之日起,诸如儒家"天命民心""圣人礼教"、士大夫"法与天下共"的思想观念,以及谏诤制度、廷议制度、宰相制度等,都构成了对君主专制思想、制度的制约。自秦汉至明清,皇权是在与上述制约因素的博弈、缠斗中不断强化的,君主专制也因各种制约因素的强弱、性质变化而呈现出不同的面貌。二是明清君主专制有很大不同,其对社会发展的影响也有差异。明朝"自成化至天启,一百六十七年之间,其间延访大臣,不过弘治之末数年,其余皆廉远堂高、君门万里"。明中后期,皇帝不视朝、不亲政,这既与皇帝个人素质有关,也与君主专制体制密切相关。人们评述明朝中央集权时总是用"皇权至高无上""皇帝不受任何限制"来说明其强化的程度,但事实上,任何统治者都会受到当时的社会条件、传统政治与道德规范的制约。明中后期,皇权在体制上至少受到以下因素的制约:首先是司礼监。明代司礼监权重,皇帝的旨意若不合"祖制",司礼监可据理力争。比如,宪宗易储,司礼监太监怀恩以社稷安定为由,拒不同意,称"非敢违命,恐违法耳"。其次是内阁。内阁虽依附于皇权,但也有相对的独立性。这表现为奉旨草诏时,如认为旨意有碍于国计民生,可提出不同意见,甚至可去力争,请皇帝收回成命。这就是内阁的"执奏权"。最后是六科。"凡制敕宣行,必由六科签署。嘉靖二年,世宗亲批都察院差御史巡盐事,稍有失误,刑科给事中黄臣等即予驳还。"明代皇帝受制于臣下之多,历代并不多见。

由此,教学中涉及以上内容时,需做到三点:其一,讲到内阁时,强调其对皇权的依附固然是重心,但也应附带内阁权力的相对独立性。由于本课侧重政治制度,讲内阁必涉及"票拟""批红",二者的关系也并非绝对的:阁票由司礼监审核"批红",但司礼监是"照阁票批朱",二者既矛盾又协调。其二,宦官专权是讲述明中后期政治时常涉及的内容,但若从制度上考量,这恰为明代司礼监权重所致。明代宦官有庞大的机构,有十二监、四司、八局,"司礼监为十二监中第一署,其长者与首揆对柄机要。金书、秉笔与管文书房,其职同次相"。司礼监作为内廷中枢权力机构,既是皇权的衍生品,又在皇权体制中起着重要作用。其三,要让学生认识君主专制制度对中国社会发展的影响,最好将明清分开进行。如果说清代君主专制在一定程度上促进了政局稳定,有利于多民族国家的统一与巩固,那么,明代君主专制的影响却未必如此。明中后期君主专制呈现的制度状态,再加上皇帝个人素质的局限,事实上带来了其政局的"垂拱而治":政务决策几乎均由政府各部门议定,重大决策或通过"部议""廷议""廷推"等,其结果由内阁票拟批答,后经司礼监"批红",皇帝对奏章和阁票象征性地"略览一二",由六科签署。在明中后期君主专制体制中,政务处理的高度程式化,为皇帝不视朝、不亲政提供了条件,而皇帝的怠政又在一定程度上致使宦官专权、阁臣倾轧,导致了明中后期的政治黑暗。

鉴于本课是从政治制度方面来谈明清君主专制的加强,围绕"内阁""军机处"以及相关制度组织教学内容,是落实课程标准要求的基本做法,也是本课教学的重要内容基点。

2.贯通课程标准内容:历史课堂教学的重点内容升华

倘若更深入地探讨、升华本课的教学重点内容,还可从以下两个方面予以贯通:

(1)政治制度的上下贯通。人教版中学历史必修模块主要涉及政治制度,明清君主专制是中国古代政治制度的重要组成部分,从源流上看,明清君主专制是在继承前代政治制度的前提下进行调整、改革并予以强化的。自秦朝确立皇帝制度后,汉承秦制,为加强皇权,汉武帝重用内侍,设尚书令侍中,以削弱相权;唐承隋制,设尚书、中书、门下,三分相权;宋承唐末五代,设中书门下,其最高长官行使宰相职权,为分割相权,又增设参知政事、枢密使和三司使;至明代,宰相干脆被废除,六部长官直接对皇帝负责,内阁是在皇帝政务繁重、皇权持续强化的背景下产生的,并在皇帝之下形成以内阁为中心的阁部间的相互制衡;清代军机处的设置,是君主专制加强的又一重要表现。应该说,君主专制是循着继承、改革、调整的轨迹,不断地强化皇权,分割直至废除相权,同时又使官僚机构渐趋分化。弄清上述内容,可使学生对君主专制体制的起始、发展有大致的框架性认识。不过,君主专制制度的实际操作有其具体的历史条件和背景,每个朝代又有各自的不同。就明朝而言,君主专制体制下形成的以内阁、司礼监为核心的外廷文官系统和内廷宦官系统的相互制衡以及程式化的政务处理模式,虽然避免了因皇帝个人因素而可能带来的社会动荡,但也使有所作为者动有掣肘,尸位素餐者推诿塞责。

(2)政治与经济、文化的横向贯通。政治活动是人类社会生活的重要组成部分,它与社会经济、文化活动密切相关,相互作用。以明代为例,明代手工业发达,瓷器种类丰富,丝织品超过前代,苏州、杭州、南京成为著名的丝织业中心;民营手工业在纺织、制瓷、矿冶等行业甚至超过官营手工业,占据全社会手工行业的主导地位;明朝中后期,工商业空前繁荣,出现了徽商、晋商等商帮。如何理解明中后期的这一重要经济现象?它与明代的君主专制体制有什么联系?一般而言,影响某时段经济发展的因素是多方面的,既包括相应的政治、社会条件,也涉及相关的文化、价值导向。从政治制度及其影响看,明中后期的君主专制尽管在制度上体现为皇帝独断,但由于其内部形成的皇权体制下的权力制衡,再加上实际操作中皇帝的“垂拱而治”,事实上造成了其经济发展相对宽松:国家权力对民众控制松懈,人们追求财富的愿望增强,社会经济呈现多元化发展。正是在上述因素影响下,徽商、晋商、闽商、粤商等商帮以及其他地域性商人活跃起来,南京、扬州、苏州、杭州等南宋以来的传统经济区复而兴盛,不同阶层、行业的人们虽然程度不同,但以各种方式成为社会财富的拥有者。

当然,政治、经济、文化之间的关系是复杂的,其或明或暗、或弱或强的多维关联使教学内容更具有探究性。从明代君主专制体制所延及的影响看,明中后期政府的"不作为",使国家的舆论引导机制难以建立,当权统治者的影响力下降,而朝廷外的各类思想家、文学家、士人学者以及小说、戏剧等形形色色的文学作品,逐渐成为社会舆论的主要策动者和推动力量。弄清这一点,就不难理解教材中涉及的"明中后期陆王心学的发展",明清之际活跃的思想家李贽、黄宗羲等对宋明理学的批判,《三国演义》《西游记》《水浒传》等明代小说等兴盛的内容。

以上通过对《明清君主专制的加强》一课的示范,揭示课程标准内容要求在课堂层面的落实与贯通,事实上也内在地揭示了历史课堂教学目标的有效达成以及重点教学内容的突破。

第三节　中学历史教学难点的确定

一、何谓历史教学难点

与教学重点类似,教学难点也是教师日常备课中容易涉及但常未曾深思的课堂要素和话题。理论界对教学重点的界定也不太多,主要观点如下:

1. 难点指学生对教材不易理解的部分。

2. 难点有来自教材的,也有来自教师的,还有来自学生的。

3. 所谓难点,是指教材中难以处理的知识点。

4. 所谓难点,主要是指学生在学习教科书内容时遇到的困难。历史教学难点可分为理论性难点、史料性难点、历史发展进程性难点、事件行进过程性难点。

5.学生不易理解的知识,不易掌握的学习方法,不易获得的学习能力都可以被包含在教学难点的范畴内。

6.教学难点是学生学习上阻力较大或难度较高的关节点,是头绪较多或较艰深的内容,也就是学生难以理解而有待于教师启发解惑的教学内容。

7.历史教学的难点,一般是指与学生已有的认知水平存在较大落差,不经过教师的启发、讲解,学生难以理解和掌握的那部分教材内容。

8.教学难点指的是教学中有困难的地方。按当下新课程改革的术语,就是相对于预设的教学目标,教学中不易"变现"的部分。

可以看出,界定教学难点的视角与支撑点主要涉及教材难度、学习难度、教师指导难度、教学目标实现难度等维度,这也折射了教学理念、理论关注点的位移和质变。在传统观念里,教学难点常指学生难以掌握的知识技能和技巧,或是学生不易理解的知识内容,但后来这种指涉的范围、对象、焦点等都逐渐发生了改变与拓展。从一般意义上来看,教学难点是课堂教学中教师"难教"、学生"难学"的部分。遵循学生的认知规律,恰当处理教学难点,无疑会使教师易教、学生易学,这对提升课堂教学有效性至关重要。

二、历史教学难点的确定

依据上述分析,教学难点无论从哪个角度界定,其最终都落在学生的学习难点上。也就是说,教学难点的确定,可以从形成学习难点的因素来进行,主要有以下五种。

1.针对学习内容,学生缺乏相应的知识储备与知识联接或者时空距离较远,难以形成深入的感知与理解。从学生的认知规律上看,学生获得新知识的顺序大致是由浅入深、由近及远、由已知到未知,循序渐进进行的。如果学生缺乏对学习内容的必要知识基础,就难以真正理解新的知识内容。比如,学习《中华文明的起源》一课时,学生由于缺乏对远古时代的认知条件,客观上的考古材料又十分有限,因此在理解远古人类历史时就非常困难。远古时代既没有较多的史料遗存,与现实生活又有着巨大的时空差距,对其的文字描述不仅大多限于推测与想象,且都抽象难以理解。因此,该课的教学难点就是帮助学生获得对远古人类生活的推测性认知,由此获得理解远古人类历史的方法。

2.学生在学习新的概念内容时缺乏相应的概念思维或认知基础,导致认知过程冲突或内容冲突,容易陷入认知困境。建构主义学习的相关理论认为,认知学习受三个过程的影响,即同化、顺应和平衡。对历史学习而言,学习新的历史内容时,学生需要将新知识纳入原有的历史认知中,这就是同化的过程。当学生不能用原有的历史知识理解新内容或在与新内容顺应的过程中不能平衡协调时,就会产生认知障碍与困惑,形成教学难点。比如,《鸦片战争》一课的"领事裁判权""片面最惠国待遇"等概念,学生对其较为陌生,教师在教学设计中倘若不能补充相关的辅助性理解内容,就会形成教学难点。

3.因知识迁移产生的负迁移作用,也会形成教学难点。如上所述,学习历史知识内容是在已有知识基础上进行的,但学生在由已知向新知转化的认知过程中,未能做到合理性迁移,未能将相关的知识原理或概念运用于新的学习之中,由此产生教学难点。

4.对于教材内容中综合性较强、时空跨度较大的历史问题或理论抽象的概念性问题,非知识认知能解决,也会形成教学中的难点。比如,《鸦片战争》一课从属于"近代列强侵略与中国人民的抗争"单元,其教材内容主要是从近代中国面临的西方列强殖民入侵所带来的"外患"以及由此引发的中国人民对其所做的抗争这一维度进行叙述的,而对西方列强入侵中国所带来的客观上的"被近代化"缺乏描述与呈现,由此,对近代西方殖民主义侵略的双重性缺乏理性认知,教学中容易形成情感冲突,甚至产生大的认知或情感难点。

5.由于教师的教学风格、专业能力与学生认知特点不匹配或教师教学方式失当,也容易产生教学难点。比如,有些教师善于叙述却短于剖析,有些教师对学生所要学习的内容缺乏深入理解,转化于教学之中,都会对学生造成教学难点。

第四节　突破中学历史教学难点的策略

教学难点的解决可以选择多种"突破点",但从学生认知维度看,主要可选用以下策略。

一、适时补充必要知识点

知识衔接通常指新旧知识之间的联系。在历史课堂中,新知识呈现之时,倘若学生已学过的"旧知识"不能与其发生意义交汇、思想通联,即出现了所谓知识衔接之"难"。从有意义的学习角度看,知识是一种依托认知(求知)心理过程的有意义的产品。这种产品关乎"逻辑的"(文化的)意义观念和相关背景("锚桩")观念之间的互动。也就是说,知识是依据认知而形成的与"逻辑的"意义观念、相关背景观念的互动。新旧知识之所以发生断裂,是由于缺乏必要的"逻辑的"意义观念或相关背景观念。在这里,具体体现为缺乏必要学科知识点的联接。比如,北宋政治,重文轻武是其重要特点。学习"北宋加强中央集权""北宋政治积贫积弱"以及"北宋冗官、冗费现象严重"等内容时,都会涉及北宋重文轻武这一特点。北宋之前,历代统治者都极其重视武臣,以军功起家的武臣、大将军甚至权倾朝野、把持朝政。但到了北宋,统治者为何排斥武将转而重视文官?对此现象,课程标准、教材之中都没有相应的内容说明与背景解释,与此相关的知识产生断裂,学生难以理解。针对此种情况,为突破知识衔接之"难",教学中可适时补充唐末五代以来的藩镇割据、武将称雄的政治现象,以此让学生认识到:通过兵变上台的北宋统治者对拥兵自重的武将十分忌惮,为限制武将的权力与行为,北宋统治者采取各种手段削弱武将的影响,刻意提高文臣的地位,由此,北宋统治者"杯酒释兵权",并开始选用大量文臣,掌握中央和地方的行政机构,崇文抑武现象也由此产生。适时补充必要知识点,并非以掌握大量知识为目的,而是要对接新旧知识的联结点,以接近学生的"最近发展区"。

二、巧妙设置认知冲突

如果说以上内容主要强调了新旧知识之间的联系,那么知识理解则涉及知识对象的本质和意义。历史知识所涉及的一般是过去的事情,限于时空距离,其知识对象常常"今非昔比",过去的事情很难凭借今天的经验加以认知,知识理解之"难"也在所难免。

要突破知识理解之"难",可巧妙设置认知冲突。认知冲突是指学生原有的认知结构与所学新知识之间的矛盾。学生在学习新知识之前,头脑中已具有了形形色色的认知结构,在学习新知识时,总是试图以原有的认知结构来同化对新知识的理解。当遇到不能解释的新现象时,就会产生认知冲突。认知冲突是连接学生固有经验与新知识的通道,是理解知识的重要认知途径。

在历史课堂中,知识理解之"难"常因历史对象的"今非昔比"而引起,认知冲突恰恰是要学生引起对历史对象独有的个性特征的警觉,以此来区分"今昔"对象的不同,突破知识理解之"难"。

三、多维度设置情境体验

从个体学习角度看,学习历史的过程并非"史学意义上的历史过程",而是学生接触历史后由感知、理解、体验至升华的多维心理建构过程。历史学习体现着学生个体思维与历史文本的过程性互动,其"神入"是这一互动过程的最高境界。不过,由于历史对象的内容复杂、学生经验和认识能力与对象内容的差距,也会出现过程感悟之"难"。

要突破过程感悟之"难",可多维度设置情境体验。体验的基础或起始点是深度感知。"感知的优势被表述为直接经验的前提性、真知性以及与间接经验的互补性,它对学习的意义是,如果未来通过记忆复现时,会体现出情节记忆与情绪记忆的效果,会产生真实、自然的场景回忆,有助于与知识产生联系。"就此而言,情境体验能够超越知识手段的局限,能将个体当下的感知、直接经验与真知性的间接经验交融起来。从学习角度来说,情境体验能透彻地理解知识的内涵和意义,拓展知识理解的广度和深度,而不是囫囵吞枣、浅尝辄止。当然,需要强调的是,情境体验远不止感性体验,它更需要理性的发掘与深入,即通过纵向联系与横向挖掘,凭借分析、归纳、比较、推理、概括等思维活动,超越所感知的历史内容,直达历史对象的深处,力求获得更深入的理解。比如,《秦始皇陵兵马俑》一课,教材呈现了秦始皇陵修建的背景、概况、陵园布局、结构以及陵园内已挖掘的 3 个兵马俑坑的军阵部署和兵马俑作为陶俑的雕塑技术、绘制材料、艺术等内容,尽管教材涉及的知识信息广,内容也较为详尽,但由于秦始皇陵兵马俑逾时已不止千年,时空跨越大,学生理解起来较为困难。如何让学生有效地认知这一历史奇迹并感悟其文化内涵、价值与魅力?为此,可设置多维情境体验。

1. 视觉与听觉体验。展示地图中秦始皇陵兵马俑、影像中秦始皇陵兵马俑,通过视觉、听觉,体验与感受秦兵马俑的直观形象。

2. 模拟与比较体验。电脑模拟秦始皇陵一号、二号、三号军坑,比较不同军阵特点,体验秦军阵的雄壮。

3. 模拟与想象体验。电脑模拟考古发掘的秦始皇陵兵马俑以及其他兵器,模拟长平之战,联系秦军作战的文献资料,想象、体验秦人却匈奴、扫六合的威武气势。

通过以上多维情境体验,可使文字描述的秦始皇陵兵马俑直观化、形象化,更加生动与逼真。

从心理角度上,通过"视""听""想""模拟"等途径,可以使学生立体地感受秦始皇陵兵马俑,在视觉、听觉、触觉等的交融中形成通感,从多角度聆听感受秦始皇陵兵马俑,在"默念"与"存想"中体验秦始皇陵兵马俑的特点和内涵,领悟其指向、联系着更深远的文化思想和精神力量。

设置情境体验不是要追求形式上的热闹和新颖,也并不止于表面上的直观体验。情境体验的关键在于让学生获得体验的过程并在体验中多角度地去思考、感悟。鉴于历史对象内容的复杂、学生经验的有限,多维情境体验有助于学生认识历史对象的各个侧面,弥补学生经验与历史对象之间的差距,也便于学生更深入地感知、透彻地理解历史对象,突破过程感悟之"难"。

四、适当设置价值观冲突

与知识理解相比,情感体验属于较高层级的学习领域。不同类型学习的设计,其遵循的设计原理各有不同。"概念和原理的学习属于知识的建构,必须巧妙地设置认知冲突;技能的建构是操作的学习,必须有真实性的任务驱动;情感、意志的建构属于价值与审美观念的学习,必须设置价值观冲突并获得情感体验。"由此来说,历史课堂中若要突破情感体验之"难",可适当设置价值观冲突。

情感与价值观,同处于个体意识的最深层,个体情感体验与其理解认同的价值观呈正相关。对学生而言,情感体验之"难"常发生在正向价值观的迷失或疏离中。此时,可适当设置价值观冲突,以澄明、矫正学生的价值观偏失,实现学生情感体验与其所认同的价值观的共鸣。

设置价值观冲突的目的在于让学生辨清并认同正向价值观,奠定学生情感体验的理性之基。价值观认同是学生价值观推理和判断转化为价值观行动的关键环节,是促进学生升华积极情感、突破学生情感体验之"难"的动力之源。

教学难点产生于不同的内容背景与条件,其认知性质与解决路径也有不同。区分教学难点的差异,遵循学生的认知特点,是突破教学难点的必要选择。

第六章

中学历史深度学习的教学效果影响因素与优化

第一节　教学效果优化概述

一、教学效果优化的理论基础

（一）教学最优化理论

1.教学最优化理论的阐释

苏联教育家巴班斯基提出的教学最优化理论集中体现了其在教育思想研究方面的成就。巴班斯基是在遵循一定方法论原则的基础上提出这一教学理论的，包括对教学活动的科学指导原则、对教学过程的合理组织原则等。同时，该理论的提出也是基于对各方面教学因素的全方位考虑，如教学目的任务、教学规律、教学原则、教学方法、教学形式、教学条件等。在综合考虑这些教学因素的基础上，教师明确安排教学过程，选择最适合整个教学过程的教学模式，与现有的内外教学条件相适应，便于教师更好地控制教学过程，使教学的最优作用得以充分发挥，在可能的情况下获得最大最好的教学效果。教学最优化理论的不足在于拟定了比较烦琐的优选程序，不够重视培养学生的创造力等。当然，要求某一教育思想或教育理论在任何一个时代都能在教学实践中发挥作用是不切实际的，我们应看到在每个时代特定背景下产生的教学理论所具有的科学性与普适性，然后在教学中有选择地运用这些思想与理论来指导实践,发挥它们的作用。

巴班斯基的教学过程最优理论具有以下几个方面的含义。

第一,该理论的核心概念是"最优化",这一概念具有开放性,与一般所指的"理想的""最好的"都有所不同。教学最优理论中,在一定教学条件下,师生通过共同努力取得的最大成果就是最优化。师生都将自己的全部可能性发挥出来,因而使学生在规定教学时间内和已有教学条件下得到了最大发展,这就是最优的教学结果。

第二,教学活动既包括教师教的活动,也包括学生学的活动,这两个活动同时进行,是辩证统一的关系。教学最优化要求对这两个活动同时进行科学组织。如果单单认为只要科学组织教师的施教活动就能达到教学最优化,就说明对教学最优化理论的理解存在片面性。

第三,教学过程最优化是教师在教学中应贯彻的一项重要原则,不能将其看作一种教学形式或方法。该原则要求教师在教学过程中对现有各种条件、方法予以全面考虑,在系统把握各项教学因素的基础上科学组织教学活动,合理控制教学过程,对最佳教学方案加以设计,避免教学的随意性、偶然性。

第四,组织师生的教学活动要遵循教学最优化原则,目的不仅是促进教学效率的提高,也是在现有教学条件下取得最佳教学效果,即获得最优化结果。开展教学活动既要考虑教学效率,又要考虑教学效果或教学质量,要尽可能以最小的消耗取得最优效果。

2. 教学最优化的核心问题

(1)教学最优化的方法体系

实现教学效果最优化的方法的总和就是教学最优化的方法体系,这些方法是相互联系的。教学最优化的方法体系中既包括教师教的方法,也包括学生学的方法,教授方法和学习方法有机统一,且二者都必须是最优化的。这一方法体系强调师生要共同发挥自己的最大力量,从而共同促进教学效果的优化与质量的提升。要注意的是,这并不意味着要给师生增加负担,而是要探索捷径,以最少的消耗取得最好的效果。教师在不同教学阶段要从本阶段的教学目标任务、教学内容特征及学生的实际学习情况出发对教学方法进行恰当选择,要善于优化组合不同的教学方法,最大化地发挥各种教学方法的功能。学生对学习方法的选择也很重要,所选方法要符合自己的学习特征,要有助于完成学习任务。

（2）现代教育技术的运用

新科技推动传统教育不断发展,使传统教育取得了良好的发展成果,其中就包括现代教育技术这一成果。现代教育教学过程与传统教育教学过程在根本上是密切联系的,但现代教育技术在教育教学过程中的使用更有助于达到教学优化的效果,这主要得益于教学资源更加丰富、教学媒体更加先进以及教学形态更加多元。在现代教育教学中运用现代教育技术,可以充实与丰富教学内容,并给教师提供更广阔的空间。借助多媒体资源可以促进教学效果的优化,但并不是所有教学内容都适合以多媒体形式呈现出来,即使没有多媒体资源,教师也应发挥主动性,促进教学效果优化。

（3）师生关系

实现教学最优化,要求师生都发挥自己的最大可能性。在教学过程中,师生要共生互动、相互影响,只有建立良好的师生关系,才有助于取得良好的教学效果。

（4）教学最优化的评价标准

一般可用效果标准和时间标准来对教学过程最优化进行评价,具体可以从以下三个方面来了解这两条评价标准。

第一,在教学中促进学生发展方面取得最好效果,如使学生掌握知识、技能,形成个性特征,提升智力水平等。

第二,师生在一定时间内以最少的精力消耗来取得最大的教学效果。

第三,师生在一定时间内取得较为理想的效果,且在自己能够控制的范围内消耗了最少的资源(如时间资源、经费资源、物质资源、人力资源等)。

（二）有效教学理论

20世纪上半叶西方兴起的教学科学化运动孕育了有效教学这一理念，教学效益（什么样的教学是有效的）是有效教学理念的核心问题。目前学术界对有效教学概念的界定还没有达到统一。我国学者在系统考察西方有效教学的相关研究后发现，西方学者主要基于三种基本取向来解释有效教学，分别是目标取向、技能取向和成就取向，但尚未做出统一的解释。国内外学者对有效教学的解释可谓五花八门，这里笔者主要说明宋秋前教授对有效教学的解释："有效教学是师生遵循教学活动的客观规律，以最优的速度、效益和效率促进学生在'三维目标'（知识与技能、过程与方法、情感态度与价值观）上获得整合、协调、可持续的进步与发展，从而有效实现预期的教学目标，满足社会和个人的教育价值需求而组织实施的教学活动。"

有效教学包含以下三个方面的含义。

第一，有效教学的核心是学生的进步与发展。学生的有效学习是评价有效教学的主要标准。学生的学习效果直接反映了教学是否有效以及有效程度大小的问题。学生的学习效果不仅表现在学生是否进步、是否获得了发展，还表现为其有效学习的程度如何、是否有欲望继续学习。

第二，教学"三维目标"的实现是判断学生进步与发展的基本标准。现代教学在素质教育理念的指导下提倡培养学生的综合素质，促进学生全面发展，因此教师要指导学生努力达到"三维目标"，获得全面、可持续的发展。

第三，教学是否符合规律、教学效率与效益是否良好、教学是否有魅力等，都直接影响学生是否能够取得进步与发展。教学目标的合理性、有效性、实现程度及如何实现等，都是有效教学理论所要考查的内容。教学是否达到了有效教学的标准，要从四个方面来判断：①合规律：依据教学规律对教学方法进行科学选用，以促进学生进步与发展，提高教学效果。②有魅力：师生在教学过程中体验到愉悦，教师乐于施教，学生乐于学习。

③有效率：教师合理安排与控制教学活动，使学生以较少的投入（时间、精力等）取得尽可能好的成绩。④有效益：教学效果显著，且符合教学目标的要求，能够使社会和个人的教育需求得到满足。

现阶段，我国研究有效教学理论及其应用的学者有很多，有效教学理念在中小学新课改中受到高度重视，也有深刻的体现，且被广泛运用于教学实践中。随着课程改革的不断深入，教师要善于在该理论的指导下提高课堂教学效率和效果，促进教师与学生的共同进步与发展。

（三）人本主义理论

行为主义把人描述成"机器人"，认为人是没有主观能动性的。在行为主义思想的影响下，传统教育不够尊重学习者的个性，也不够理解学习者。针对这个问题，诞生于20世纪60年代的人本主义理论提出了抗议，并予以谴责。人本主义理论看重人的主观能动性，提倡尊重人的个性，强调知识与情意的统一，强调在教学中对学习者的学习能力和创造能力进行培养。

人本主义理论认为，教育的最高目标就是实现个体发展，教育的价值在于自我发展，教育的目标在于自我实现。罗杰斯作为人本主义心理学流派的代表人物指出，"对知道怎样学习和能够适应变化的人进行培养"是教育的主要任务，教育要培养可靠的人、有教养的人，这样的人应该是懂得学习方法和有意识去主动寻找知识的人，应该是知道如何适应变化的人。

人本主义教育心理学流派指出，有很多因素都会影响教学效果，为了提高教学效果，应该在教学过程中主动走进学生的内心世界，对学生的真实需求有所了解；应该实施那些贴近学生生活的教学内容；应该引导学生积极探索与理解学习材料；应该重视建立民主和谐的师生关系。

人本主义学习理论认为，最持久与深刻的学习应该是学习者自我发起的学习，学习者在这样的学习中将自我情感与理智都投入其中，对自己的学习过程和结果负责，学习者学习的积极性、主动性很强。罗杰斯认为,学习者在自我发起的学习中从事意义学习,学习收获要远远大于被动学习的收获。

二、教学效果优化的原则

优化教学效果就是要综合调整影响教学过程和教学结果的各种因素,合理安排教学活动,以使最终的教学效果在已有条件下达到最佳。教学中的很多因素都会影响教学效果,这些因素会形成合力,决定最终教学效果的好坏。有关学者依据这一规律提出了教学效果优化的概念。优化教学效果,就是使师生花费较少的必要时间,充分发挥自己的可能性,从而使教学效果在一定条件下达到最佳程度。优化教学效果要求教师从头到尾对整个教学活动进行全面综合的规划与控制,在教学中对各教学要素之间的复杂关系要有所了解,要将施教与学习有机结合起来,要使每个教学要素都尽可能以最好的状态呈现出来,使各要素的作用都充分发挥出来,从而使教学效果得到最大限度的提高。

优化教学效果,要贯彻以下五项基本原则。

(一)科学性原则

优化教学效果,要贯彻科学性原则。这里的科学性既包括实施具有真理性的教学内容,也包括选用正确的教学方法。遵循科学性原则要求做到以下三点:

第一,在实施教学内容的过程中,将客观的科学理论及事实介绍给学生,尽可能使学生对现代科学成就有更多的了解,并对相关知识的发展前景有清晰的认知。

第二,教师在教学中融入各方面的积极因素,对学生的观察能力、分析能力、研究能力以及解决问题的能力进行培养,使学生在学习中对图书资料、文献等进行合理使用,使学生能够基于科学理论对自己的观点进行论证。

第三,学校从自身教学条件和教学需要出发对课程进行设置,提高课程建设的科学性。

（二）系统性原则

为了优化教学效果，要尽可能让学生系统掌握或者有条理地掌握各项知识与技能，这是贯彻系统性原则的基本要求，具体要做到以下三点：

第一，明确不同教学阶段的各项教学内容的内在逻辑关系，前面教学内容的实施要为后面教学内容的实施奠定基础，以利于学生更好地掌握新内容。

第二，教科书内容的安排本身具有系统性，教学大纲的制定也体现了系统性原则，并且与学生的认知规律和学习特征基本相符，因此如果没有特殊情况，则要严格按照大纲和教材来实施教学，保证教学的有序进行。

第三，基于系统理论而整合知识，完善学科知识体系，使学生循序渐进地学习，养成良好的学习习惯。

（三）自觉积极原则

这里的自觉积极原则指的是学生学习的自觉性、积极性，同时包括学习的独立性。教学既包括教师施教，也包括学生学习，二者是一个整体，缺一不可。学生在学习中如果缺乏教师的系统施教与科学指导，就不会取得明显的学习效果；如果学生学习不积极、不主动，那么即使教师教得再好，教学效果也不理想。要优化教学效果，既要优化教，也要优化学，尤其要鼓励学生自觉积极地学习，发挥学生的主体作用。具体来说，优化教学效果贯彻自觉积极原则要做到以下四点：

第一，学校从开设课程、实施课程到课程评价等，每个阶段都要对学生的主体性予以尊重。

第二，在教学过程中适当设置问题情境，让学生自由讨论，自己找出解决问题的方法，从而提高学生学习的积极性，培养其自主学习及合作学习的能力。

第三，教师在课堂上提出一些错误观点，引导学生对此进行评判、剖析及论证，提高学生的思辨能力。

第四,教师给学生留出独立学习的空间,使学生能够对自己的学习活动进行合理安排。

(四)师生协同原则

教学效果的优化需要师生共同努力,因此不仅要强调教师主导作用的发挥,还要重视学生主体性和能动性的发挥,只有师生协同配合,共同努力,才能使教学过程更顺利,教学效果更理想。要在师生协调互动中实施教学过程,从根本上来说,就是要将师生关系、教学关系处理好,使教师与学生在方向一致的前提下施教与学习,在各自活动的同时再积极配合对方,教与学的节奏协调统一,从而促进教学效果的优化。在通识课程教学过程中,应充分体现学生的主体地位,强调学生在教学中的积极作用。这是因为学生的学习只有作为一种自觉、能动的活动时,才能发挥出最高的效率,才能取得最优的教学效果。

(五)为教学创造必要条件原则

这个原则中的教学条件主要指教学媒体。我们所说的教学机器是狭义层面上的教学媒体,广义上的教学媒体包含的内容非常广泛,甚至在向讨论、实验、参观等方面拓展。除了教学物质条件与教学过程直接相关外,道德心理条件、学校卫生条件也是不可忽视的。在教学效果的优化中贯彻这一原则,要求将这些条件都考虑在内,同时还要重视创设新条件,对有利于提高教学效果的各种条件都要进行创设和完善,如制度条件、人力资源条件等。这里需要强调一点,在信息教育时代,我们要善于将现代教育技术手段灵活运用到教学过程中,以提高课堂教学效率,提高学生学习的兴趣,最终达到提高教学效果的目的。

第二节　中学历史教学效果影响因素分析

在新课程改革背景下,中学历史教学现状与"构建高效的历史课堂"这一目标相距甚远。受传统历史教学模式的影响,有很多因素都严重影响与制约着历史教学效果。因此有必要探讨影响历史教学的相关因素，对症下药，以便在优化历史教学效果时能够有的放矢地采取有效措施。

从广义上来讲，教学过程中所有因素都会对历史教学效果的优化产生影响，下面将具体分析这些影响因素。

一、教学主体因素

（一）历史教师缺乏专业兴趣

一些历史教师对自身专业的认可度不高，这是影响教学效果优化的主要内因之一。兴趣是最好的老师，不仅对于学生的学是这样，对于教师的教也是一样。一些教师对自己的专业认可度不清晰，他们并不是因为真正喜欢历史而选择历史专业并从事历史教学工作的。如果历史教师本身对自己的专业缺乏兴趣，那么在这门课程的教学中必然很难做到认真和细致，更谈不上去努力钻研。一位对历史没有兴趣的教师面对浩如烟海的历史资料必然不会为之感到骄傲和自豪，也很难对这些史实进行深入钻研，从而提高自己的专业知识水平。

历史教师专业兴趣的缺失会导致其在教学设计上出现随意性，例如：在备课环节有形式化倾向，对教学的预设和生成不能做到高度一致，教学媒体的选择过于简单等；进行教学设计时，过多相信传统的赫尔巴特的五段教学法。现阶段的历史教材经过改革后，由原来按历史事件发生的时间顺序进行安排的形式转变成"专题＋模块"的形式，这对教学设计提出了更高的要求，而一些历史教师依然采用传统的教学设计方式，这显然是行不通的，必然会影响教学效果。

（二）学生的基础素质、兴趣爱好、学习方式存在差异

第一，学生的基础素质影响教学效果。学生受家庭环境、自身外在条件和内在智力的发展程度以及自身学习基础水平的影响，在客观上存在差异。不同学生的身心素质发展水平不一致，在这样的情况下对学生进

行教学必须做到因材施教。教师既不能以学习基础最好的学生作为上课的标准,这样学习基础差的学生学习起来将更加困难;也不能以学习基础薄弱的学生作为调控教学进度的标准,这样对学习基础好的学生来说无异于浪费时间。因此,学生的基础素质水平差异必然成为影响教学效果优化的一个主要因素。

第二,学生的学习兴趣会影响教学效果的优化。学生之间存在的个体差异决定了不是每个学生都对历史有浓厚的兴趣,对历史感兴趣的往往只是部分学生。学生的学习兴趣会直接影响其上课的积极性和参与性,进而影响学习效果。

第三,学生学习方式的不同也会影响教学效果。学生学习习惯的差异对教学效果有明显的影响。

二、课程资源因素

(一)教材使用不合理

对教科书缺乏深度分析探究以及教科书使用不合理是导致历史课堂教学效果不理想的一个主要原因。"弃教科书是论"与"唯教科书是论"是对待教科书的两种截然不同的态度,并且这两种态度都是比较极端的。"弃教科书论"是一种错误的态度,因为教科书发挥着指引学生学习历史的基础性作用。基础知识的传授与思维能力的培养是密不可分的。一位历史学者应该具备"史才""史学""史识"能力,缺少任何一方面都不能成为一名真正的历史学家。因此,"弃教科书论"是不可取的。有一些教师非常注重教科书,这种注重并不是体现在他们认真研究教科书上,而是体现在一切都按照教科书来授课教学上,即"唯教科书是论",这显然也是有失偏颇的。教师缺乏主观分析和判断力,照本宣科,没有对教科书上的内容进行归纳整合,也缺乏教材开发的校本意识,会对历史教学效果产生不良影响。

（二）校外课程资源利用不足

结合历史课程的丰富性、生动性和现实性特点,在历史教学过程中除了要利用好教材这一课程资源外,还要利用好校外课程资源,并对其进行整合。但在目前的中学历史教学中,历史教师除了整合几个版本的历史教材外,很少主动开拓校外潜在的课程资源。校外课程利用率低也影响了教学效果。

三、教学方式因素

（一）依据教学目标选择适宜的教学方式

教学方式的选择与运用和教学效果、教学目标的达成度密切相关,教师应依据教学目标、教学内容、教学对象等教学要素选择适宜的教学方式。根据不同的教学目标选择不同的教学方式:识记为主的教学目标采用以讲授法为主的教学方式;以培养学生历史思维能力为主的教学目标采用以对话教学为主的教学方式;培养学生团队协作解决问题为主的教学目标宜采用以活动教学为主的教学方式。

（二）依据不同教学内容选择教学方式

1. 按照知识分类选择相应的教学方式

教学方式包括教法与学法,教师如何教,学生就如何学。知识类型的不同是决定教师如何教的重要因素之一,选择适宜的教法可以引导学生转变学习方式,增强学生在学习过程中的主体性和参与性。历史教师应依据不同类型的知识,优化教学设计,帮助学生选择适宜的学习方式,提高学习的有效性。

2. 充分利用多媒体展现历史史料

不同的教学内容选用不同的教学方式,便于教学内容更好地呈现给学生,也便于学生接受、理解。随着信息化、智能化多媒体时代的到来,教师可以借助网络资料和多媒体手段向学生展示珍贵史料。3D、现实增强技术的使用可以让学生身临其境地感受历史的真实性。相较传统的讲授法，多媒体技术的使用可以大大提高历史教学的效率。当然，现实教学过程中，由于路径依赖效益也存在历史教师依然仅使用传统讲授法的现象，不管是什么样的教学内容，都主要采用讲授法进行教学。即使有的教师选择了多媒体的教学手段，但是在制作多媒体课件过程中存在不专业的问题，没有将网络资源充分利用起来，而且缺乏对网络资源的有效筛选和整理提炼，仅仅是表面上做到了声画同步，实际上缺乏创新，这样的教学课件也很难发挥出更好的作用。可见教师的多媒体应用能力是教师专业素养的重要组成部分，对教学效果有重要影响。

四、教学评价因素

传统的学业评价（对知识掌握情况的评价）是对学生进行终极评价的主要方式，忽略了从情感态度和价值观等角度对学生进行多元与全方位的评价。单一评价目标、单一评价主体的传统教学评价方式，影响了历史教学在培养具有历史核心素养的学生的过程中的效果。

第三节　中学历史教学效果优化策略

一、激发与培养学生的历史学习兴趣

（一）掌握学生的学习动机特点

兴趣是学生主动学习与持续学习的动力，激发学生的学习动机有助于对其进行学习兴趣的培养或兴趣的巩固。学生主动参与学习活动的内部动因主要来源是学习动机，只有有了明确的动机，学生学习的意愿才会增强，在学习中才会积极思考。培养与提高学生对历史学科的兴趣是优化历史教学效果的基础,只有让学生先明确学习动机,并保持这种动机,才有可能让学生产生兴趣。动机是内部动力,是内部力量的源泉,能够支撑学生参与历史学习活动,切实影响学生学习的积极主动性,影响学习效果。

历史教师要准确把握学生学习历史的动机及动机的变化情况,要对学生的内心学习需求有所了解,要善于利用不同学生的不同学习动机来推进历史教学进程。对于动机不强的学生,教师要善于创设有助于将学生学习动机激发出来的良好教学条件,多鼓励学生,使其在历史课上表现得积极主动。为了长久维持学生的历史学习动机,为学生学习历史提供持续的动力源泉,教师要不断研究新的教学方法,设计丰富新颖的教学方式,定期评估教学效果,并及时反馈。

(二)激发学生的学习兴趣

历史学科具有明显的客观性特征,很多知识都需要学生记忆。要让学生在学习中更轻松,最好的方法就是让学生对历史学科产生兴趣、产生好奇心。很多学生表示自己对历史知识有兴趣,但在历史课堂上他们并不投入,甚至对历史的好奇心维持的时间并不长久,这可能与历史课堂本身缺乏趣味性有关,导致历史课堂难以将学生的学习兴趣激发出来。针对这个问题,中学历史教师在课堂上要善于创设情境,采用情境教学法,吸引学生的注意力和好奇心,使其主动思考、积极参与,充分发挥学生的主体性。

中学生的身心发展具有一定的特征,这需要历史教师准确把握,从而有针对性地开展符合学生身心特征、对学生身心发展有益的教学。历史教师尤其要关注学生的心理变化,利用其好奇心构建历史故事,提高课堂教学的趣味性和学生的参与度。历史本身就令后人忍不住去想象和推测,如果历史教师能够在尊重历史本来面目的前提下将历史故事讲得绘声绘色、生动形象,以此代替晦涩难懂的历史事件,那么将大大提高学生的学习兴趣。

总之,通过学习历史,应使学生对历史学科有一个基本正确的认识与理解,对历史在解释、推进、展望人类社会物质与精神文明发展方面的重要作用,对历史是一种先进的文化,有一个基本的认同和体会,从而对历史充满仰慕和敬重,充满向往和热爱,充满亲和力,最终从心底接受历史。

二、提高历史教师的专业素养

(一)提升知识素养

历史课堂教学效果在很大程度上是由历史教师的专业素养决定的,有效的历史课堂必然是由专业素养高的历史教师构建的。学生对历史课的兴趣在一定程度上也取决于历史教师本身,如果历史教师知识渊博,讲课风趣,与学生关系融洽,那么这会成为学生喜欢上历史课的重要原因。所以,培养与提升历史教师的知识素养至关重要,这需要历史教师发挥主观能动性,自觉充实自己的知识库,优化自己的知识结构,除了继续对历史学科知识进行钻研之外,还要对其他相关学科知识进行关注和学习。

与历史密切联系的学科有地理、政治、经济及其他文化学科。中学生求知欲强,如果历史教师只会讲课本上的历史知识,无法与其他相关学科知识联系起来,那么很难在课堂上吸引学生的注意力,调动学生的学习兴趣。因此,历史教师要自觉积极地拓展自己的知识体系,增加大脑中的知识储备,以便在历史教学中能够做到旁征博引,从而使学生产生学习的兴趣,使学生对历史学习的价值有更深入的了解。历史教师知识渊博,更容易得到学生的认可、受到学生的尊重、赢得学生的信任,使学生将其树立为榜样,从而促使学生学习热情高涨。

(二)深刻把握理解教材

历史教师对教材的把握是否深刻,主要看其能否看懂、看穿及看透教材,能否将教材的精髓挖掘出来。历史教师只有对教科书进行深入的钻研,才能在历史课上将整个课堂节奏把控好,才能对学生的兴趣走向有准确的把握。如果历史教师对教材缺乏准确的定位或者完全照搬教材内容，那么必然会引起学生的不适，使学生厌学。所以历史教师不仅要做好定位，还要深入钻研教材，深入挖掘教材的精髓，使历史课充满智慧与艺术，同时历史教师要生动形象地给学生描述历史人物，讲述精彩的历史事件，激发学生的求知欲和好奇心，使学生集中注意力听讲，提高学习效率。此外，历史教师要善于向学生表达自己对教材的独到见解，要将自己具有独创性的思维呈现出来，从而更好地培养学生的学习兴趣与历史思维能力，吸引学生的注意力，使学生对课堂上所教的内容形成深刻记忆。

（三）提高教学机智水平

教师的教学机智主要体现在能够在课堂上随机应变。历史教师能够比较细致地设计教学内容，但往往很难周密地安排教学过程。历史教师在课堂上经常会遇到"非预期性"的教学问题，如果处理不好这些问题，就会使课堂氛围变得尴尬。对于意料之外的偶发事件，富有智慧和教学机智水平较高的教师往往能够发挥自己的临场应变能力，妥善处理好问题和意外情况，这是历史教师综合素质的一个重要体现。

历史教师拥有临场应变能力，有助于对教师与学生的矛盾、教学与学习的矛盾进行艺术化处理，因此这一能力也是必不可少的教学技巧。在历史教学中，教师的教学机智不仅体现在有效的课堂纪律管理上，还体现在合理解释学生提出的敏感历史问题上，体现在正确处理师生之间的矛盾或学生之间的矛盾上。有些学生喜欢历史，历史成绩也比较优异，他们在课堂上提出的问题有时比较敏感，甚至是刁钻；有些学生本身对历史缺乏兴趣，但因为性格调皮，所以会问一些意料之外的问题。面对不同学生提出的问题，具备教学机智的历史教师往往能够从容应对，如面对第一类学生，主要是避其锋芒、以智取胜，对于第二类学生，主要是转化角度巧妙解决问题。教学机智水平高的历史教师往往能够运用好教学技巧，而且在教学中不断探索新的教学技艺，追求精益求精，因而有自己的一套教学风格来应对课堂上的各种事件。机智的历史教师往往追求理想的教学效果，而且能培养出有智慧的学生。

（四）优化历史教学评价

对历史教学评价的优化具体要做到以下三点：

第一，传统的历史教学评价存在单一的缺陷，具体表现为评价主体单一、评价方法单一以及评价角度单一。针对评价的单一性问题，要有针对性地进行教学评价的改革与优化，让更多的主体参与到教学评价中，如除了师生评价外，发挥家长、学校领导、历史教育机构负责人等主体在评价中的主观能动性。此外，拓展评价角度，从新的视角进行全方位评价，最后要将多种不同的评价方式整合起来加以运用。

第二，在历史教学评价中，对评价方式的合理选用非常关键，在选择中要考虑诸多因素，如评价目标、评价对象、评价条件以及评价主体的专业素质等。例如，教师为了了解学生对历史教材上某一模块基础内容的掌握情况，可以在课堂上组织一次小测验或者让学生自己对知识线索进行梳理，这样既能了解学生掌握得如何，获得关于课堂教学效果的反馈信息，又能对学生的归纳概括能力进行培养。历史教师还可以在课堂上通过开展一些灵活性较强的活动来评价学生的表现，如针对某一历史情节设计历史情景剧、采访活动，教师观察学生在活动中的表现，然后给出客观的评价。另外，在评价中要引导学生尝试进行自我评价，学生既是评价主体，也是评价对象，自我评价有助于学生客观认识自己，对自身的优点和不足有更全面的了解，从而发扬优势、改正缺点，不断完善自我。

第三，教学评价具有发展功能。在历史教学评价中实现这一功能，通过评价促进学生发展，就要将过程性评价充分重视起来。教师采用这一评价方式能够了解学生的动态变化，了解学生在不同学习阶段处于一个怎样的学习状态，全面考查学生各维度目标的达成情况，并对学生更多的潜能进行挖掘，从而为接下来的教学安排提供依据。

三、优化教学设计

（一）教学目标设计紧扣核心素养

首先，历史教师要全面理解历史学科核心素养的内涵及其具体表现，要认识到核心素养唯物史观、时空观念、史料实证、历史解释和家国情怀这五个方面是一个相互联系的整体。唯物史观是诸素养的灵魂和得以达成的理论保证；时空观念是诸素养中学科本质的体现；史料实证是诸素养得以达成的必要途径；历史解释是诸素养中对历史思维与表达能力的要求；家国情怀则体现了诸素养中价值追求的目标。其次，历史教师在设计教学目标时既要注重对某一核心素养的培养，又要注重对学生核心素养的综合培养，并以学业质量标准作为衡量学习效果的重要标准。最后，历史教师在初中阶段的历史教学中应坚持"双基""三维目标"、核心素养"一以贯之"的方针，将"以人为本"育人理念落实到历史教学的每个角落，通过诸素养的培育，达到立德树人的要求。因此，中学历史课程教学目标的优化设计具体要做到以下两点。

1. 依托"掌握历史基础知识"而设计教学目标

中学历史课程核心素养的五个方面是一个有机的、不可分割的整体，不可以违背新课改精神而将这个整体割裂开来。但要实现培养学生的历史学科核心素养，就要掌握历史基础知识，历史知识、规律是学生分析评价过往历史事件的前置条件，是培训学生历史思维能力的源泉。因此，历史基础知识是中学历史课上的主要教学内容之一，这些知识能够提升学生分析、归纳、概括、解决问题的能力，为今后进行更广泛而深入的历史学习奠定基础。

2. 基于对学生学习方式的关注设计教学目标

在历史教学目标的优化设计中要强调过程与方法这一维度的目标，使学生对有效的学习方法加以掌握。随着时代的变迁，现代教育教学中让学生学会学习比让学生学会知识更重要。所以在中学历史教学中必须让学生学会学习,学生只有掌握了学习的方法,才会进行自主探究学习,才能与同学合作学习,而且学生在自主探究学习中能够积累更丰富的历史知识,并获得对历史的深刻感知与理解,与此同时,其历史思维也会逐渐形成,历史思维能力会不断强化。

(二)教学内容设计体现新课改要求

1.中学历史课程结构、内容的新变化

现阶段,中学历史教学内容在教材中的主要呈现形式是"专题＋模块",每个专题和模块相对独立,自成体系,但不同专题之间、模块之间以及专题与模块之间又存在着一定的联系。和传统教材中以时间先后顺序编排教材内容的方式相比,"专题＋模块"的编排形式给人一种散乱和缺乏逻辑的感觉,所以在设计教学内容时要注意优化整合不同模块及专题的内容,以提高教学内容的实施效率。

课程结构和内容的新变化,给一线教师提出了新的挑战,把握历史课程改革的指导思想和出发点,是用好教材、促进学生历史学科核心素养发展的关键。教师应结合历史课程专家的学术观点和基层教学的实践经验,阐述中学历史课程内容的编排逻辑,并提出优化教学内容设计的要点。

2.历史教学内容的优化设计

(1)导入新课设计

导入新课的方式常见的有四种:①开门见山直接导入。②通过观看图片、视频、录像等方式直观导入。③设疑导入,激发学生的好奇心。④回顾上节课的内容,温故知新,导入新课。

(2)新课教学的设计

这一方面的设计要注意三点:①做好对各模块和专题内容的整合,对教材的结构加以优化。②结合教学目标创设能够激发学生学习兴趣的问题情境。③新课设计要有助于对学生探究能力的培养。

（3）传统课程内容的丰富

历史是对人类社会起源和不断发展的呈现，是人类文明不断进步的见证，是对科、教、文、卫等各个领域不断发展的记录。因此，历史课应是初中阶段最生动有趣的课程。然而，由于各种因素的影响，我国中学历史教学中存在机械性教学的问题，教师很少深入探究教材，久而久之，学生的学习兴趣便减弱了。为了有效改善这种情况，中学历史教师应不断应用多种教学方法和手段有效地丰富课堂教学内容，激发学生的学习兴趣，提高学生的自主学习能力，提升历史课堂的趣味性。同时，历史教师还应该不断拓展教学内容，将课外知识有效融入历史课中，以便学生将所学知识有效串联起来，加深对重难点历史知识的理解和记忆，使历史课堂变得更加生动。

（三）教学方法设计指向实现核心素养

历史学科核心素养是历史学科和教育的有机融合。如何激发学生对知识的好奇心和兴趣，是中学历史教师应该思考的问题。学科核心素养意味着学科教育模式和学习方式的根本变革。

1.知识类型与教学方式的契合

根据广义知识分类理论，我们可以把历史知识分为三类：陈述性知识、程序性知识和策略性知识。

（1）历史陈述性知识与教学方式的选择运用

历史陈述性知识即历史事实性知识，指关于"是什么"的知识，是对历史事实具体、如实的描述，属于感性知识的层面，它对学生的能力要求主要是记忆，主要包括重要的历史事件、历史人物、历史现象等。

历史陈述性知识学习方式的选择，重点是如何帮助学生获得并掌握这些知识。在传统的历史学习方式选择和运用过程中，对这类知识的学习只做粗略、原则、机械式陈述性知识中符号和词语意义的获取，使得学生产生了一种错误的认识，即历史知识掌握得好坏，关键看记忆力和死记硬背的功夫是否过硬。我们反对死记硬背,但并不反对建立在知识理解和认知结构形成基础上的知识记忆。

(2)历史程序性知识与教学方式的选择运用

历史程序性知识即历史概念性知识,指关于"为什么""怎么样"的知识。这类知识是在认识历史事件、历史现象发生发展规律的过程中形成的,它对应的是学生的"智慧技能"。智慧技能是通过练习而形成的完成一定智力活动的能力,对于历史程序性知识来说,主要包括历史概念和历史原理等。

历史程序性知识是在理解诸如历史事实等陈述性知识的基础上,经过对历史事件和现象的分析判断或通过实际操作历史技能而逐渐形成的一种能够熟练掌握并精确运用的智慧技能或处事策略。在历史课程的学习过程中,关键就是帮助学生将历史陈述性知识转化成历史程序性知识,也就是将贮存于大脑中的概念、规律转化为应用技能,由贮存知识向应用知识转化,从而实现知识的迁移。例如,知道"生产力决定生产关系""历史事件的发生是政治、经济、思想文化等共同作用的结果"之类的原理或能陈述这些原理,则仍然停留在陈述性知识的学习层面,要将它们转化为程序性知识,就必须能应用这些原理去分析和解决问题。如果学生能够运用这些原理分析不同历史现象、历史事件产生的原因、带来的影响等,同时能够活用它们,我们就认为学生顺利地实现了这一转化。

(3)历史策略性知识与教学方式的选择运用

历史策略性知识即历史方法性知识,指关于"怎么做"的知识。它也是一种程序性知识,其核心是历史思维方法,主要包括处理历史资料的方法,分析和综合、比较、归纳和演绎等分析历史问题的方法,历史学习和表述的方法,运用历史唯物主义的基本观点观察问题和分析问题的思维方法。

历史策略性知识也是程序性知识,但与一般程序性知识不同,它处理的对象是对个人自身的认知活动的知识,是一种内在的思维活动。现代教学心理学强调教学除应让学生有效获得陈述性知识和程序性知识，除促进陈述性知识向程序性知识转化外，更应重视教会学生获得和应用策略性知识，使之学会高效学习、高效解决问题的方法和技巧。因此，历史策略性知识的学习，是实现在历史课堂教学中培养学生学习方法与能力的必要途径。

根据知识分类理论进行历史学习方式的选择，就是要努力促使新知识与学生认知结构中的原有知识建立联系，达到理解与应用的平衡，提高历史学习的效果。知识类型仅仅是影响学习方式选择的因素之一，在选择学习方式时，还要考虑学习目标、学习条件、学生个体差异以及不同学习方式的特定功能，以便更好地促进学生综合能力的发展。

2. 在"找茬"中激发学习兴趣，培养历史思维能力

经过教学实践总结，"找茬"教学理念是激发学生对知识的好奇心和兴趣的有效策略之一，同时还能使学生养成独立思考、质疑探究的历史思维能力。

（1）让学生敢于"找茬"

敢于"找茬"是实现该教学理念的前提与基础。随着学生年龄的增长，中学历史课堂上学生越来越"乖"，教师怎么说，他们就怎么做，习惯沿着教师的教学思路，成为接受者、倾听者。教师问学生答，成了课堂教学的固定模式，久而久之，学生就会缺乏质疑解惑的内在驱动力。因此，教师要鼓励学生敢于"找茬"，敢于质疑、批判、反思，要积极鼓励学生，提倡多元理解。

（2）让学生学会"找茬"

教师可以引导学生找历史教材的"茬"，找历史教师教学的"茬"，找同伴历史学习的"茬"，找历史解题思路的"茬"，以此逐步深入。这种方式主要是让学生加深对知识内容的理解，调动已学历史知识、规律对问题进行深入思考，促使学生去查阅资料，或是从生活当中找出证据，然后对这些证据进行分析和整理，解答发现的"茬"，在培养学生的历史探索能力和创

新思维能力过程中，发展学生史料实证、历史解释等历史学科核心素养。

（3）让学生恒于"找茬"

通过"找茬"培养学生独立思考、批判性思维和创新能力非一日之功，也非一蹴而就之事，关键在于引导学生将"找茬"形为一种学习习惯，而习惯的养成必须依靠常态的训练和培养。让学生在历史学习中"找茬"，是学生自主学习的一种行为表现，它建立在学生内在学习动机基础之上，并在此基础上坚持不懈。教师作为学生自主学习的引导者、促进者，在教学实践中，可以从学生的实际情况出发，结合教学资源，积极创设条件与机会，引导学生主动进行质疑、批判、探究和反思。

敢"找茬"、会"找茬"、恒于"找茬"，是历史教学中培养学生独立思考、主动学习的实践探索与经验总结。它是学生历史学习活动逐渐发展、不断完善的过程，是由被动走向主动的过程，有其特有的发展价值，如发展学生的历史思维能力、自主探究能力、质疑和批判精神等。这些正是我国现行的教学改革所倡导的理念之一，正如《基础教育改革纲要》指出的"强调形成积极主动的学习态度""使获得基础知识与基本技能的过程同时成为学会学习的过程""倡导学生主动参与，乐于探究""教师引导学生质疑、调查、探究"。历史教学中的"找茬"理念特有的价值符合、顺应当前课程教学改革趋势，后续教学实践中将继续发展、丰富"找茬"教学理念与实践操作方案。

（四）优化课堂作业设计

作为课堂教学延伸的一个主要环节，作业的设计也是非常重要的。设计课堂作业的基本要求是要有助于促进学生对所学知识的巩固与深化，有助于对学生的探究意识进行培养，有助于促进学生历史思维能力和实践能力的提升。设计作业要摆脱传统单一的模式，不能过分依赖教材，要从以下三点着手优化。

1.迁移性问题设计

历史教师要结合学生的实际学习情况设计有助于实现知识迁移的问

题,如让学生观察历史图片,设计诸如图片中反映了什么信息、两幅图片有什么不同、用历史事实说明产生了哪些影响等问题。

2.开放性问题设计

为培养学生的发散性思维,增强学生思维的创造性,历史教师可在历史课堂上结合社会政治生活背景设计相关问题。

3.研究性问题设计

历史教师可按照学生的历史基础与学习能力对其进行分组,为每组学生设计不同的问题,引导各小组成员共同探讨、研究,发挥各小组学生的优势,帮助学生巩固课堂学习效果,及时评价各小组共同探讨出的答案并进行鼓励。

(五)优化教学技术设计

信息技术与学科的整合为历史教学提供了更广阔的空间,简约历史教学并不拒绝电脑等多媒体的介入,但使用任何媒体都应该从直观、实用和实效出发。例如,教师课前将浪漫主义、现实主义、印象画派和现代主义美术相关作品的简介录音,让学生通过听觉、视觉的冲击,体验和感悟历史,最后运用网络和电脑,培养学生检索资料、概括资料的能力,促使学生学会与他人交流、合作学习,让课堂在灵动中得到升华。

(六)注重历史教学创新

在创新思维理论的指导下实施创新性历史教学,要改变传统的课堂教学观念,从培养学生的创新精神入手,以提高学生的创新能力为核心,带动学生整体素质的自主构建和协调发展。历史课堂是进行创新教育的主要阵地,是对学生进行爱国主义教育的摇篮,是学生研究历史文化的基本途径。历史教师要创造性地组织课堂教学,具体要做到以下五点:

第一,教师应在历史课堂教学活动中激发学生的探索精神,设计情境问题,培养学生自主探索的习惯及能力。

第二,教师应根据教材设计中的课题分析引导学生动态研究、深入探讨。

第三,教师应根据各学段特征,结合学生的认知水平,让学生养成综合分析历史事件的习惯。

第四,教师应结合历史事实,向学生提出各种创造性问题,让学生分析问题、得出结论,引导学生分析结论的合理性、科学性、可预测性,并进行合理性评价。

第五,教师应逐步培养学生独立、独特的创造性思维能力,以塑造学生的良好品质为出发点,全面贯彻个性化教学原则。

四、有效整合教学资源

(一)整合教材内容

在历史教学中,历史知识包罗万象,而且很多知识点都比较零散,学生对不同知识点的内在联系缺乏系统的认识与正确的理解,所以他们大脑中构建的历史知识网也不成体系,各部分处于相对零散的状态,这直接影响了他们的学习兴趣,也影响了课堂教学效果。为此,教师要在历史教学中高效利用教材,充分整合教材内容,实现有效教学。

教师在处理教科书、组织实施教科书内容时要坚持几项基本原则:生动性原则、多样性原则、对学生自主和探究学习有利原则等。教科书是非常重要的教学材料,是教师上课的主要工具,教师能否有效整合这些材料,利用好这一工具,直接影响教学效果。

中学历史教师整合教材内容应注意以下四点:

第一,在了解时代背景和时代要求的基础上整合教材内容,尽可能符合相关要求。

第二,辩证看待教材,将教材内容问题化,不要以照本宣科的方式将所有内容全盘托出,要善于用提出问题的方式引导学生探究,使其在探究性学习中理解和掌握教材内容,这有助于培养学生分析与解决问题的能力。

第三,注重对乡土教材内容资源的开发,这有助于进一步激发学生的学习兴趣。

第四,将相关知识前后串联起来,把握内在联系,优化教材知识结构,这有助于使学生对教材内容进行系统的把握,也有助于实现知识的迁移。

(二)充分利用多媒体教学资源

在信息化教育背景下,多媒体教学资源在初中教学中得到了广泛的运用,在历史教学中应用多媒体教学资源,有助于以更生动形象的方式向学生呈现教学内容,有利于提高学生的学习兴趣和热情。将多媒体教学资源融入历史教学中,为教师采用情境教学法提供了方便,促进了课堂教学形式的拓展,突破了传统教学的局限;将多媒体教学手段运用于中学历史课堂中,可以满足中学生的心理需求——主要是满足其好奇心。多媒体教学资源的运用使历史课更有感染力,使教师的教学显得更有表现力,这样更能吸引学生的注意力,有助于提升课堂教学效果。

(三)有效整合相关学科资源

历史学科与其他一些学科之间存在着密切的联系,正确把握它们之间的关系,并基于这些关系有效整合与利用相关学科资源,有助于优化与提高历史教学效果。下面简要分析与历史学科密切关联的学科资源。

第一,"文史不分家"。语文学科与历史学科关系密切,初中语文教材为历史教学提供了很多鲜活的素材,如语文课本中的诸子百家与历史专题中的百家争鸣是互通的。

第二,初中政治也和历史教学密切相关。政治制度的演变是历史的必然过程,学生在政治课程的学习中能直观系统地掌握历史政治体制的演变过程,可以为学生学习历史做铺垫。

第三,"史地"是一体的,学生学习历史离不开对地理知识的掌握。学生有了地域的概念,才能在头脑中形成直观的历史图像,借助地理形成科学的历史空间的概念,这有助于强化学生对历史知识的理解。

(四)灵活机智利用课堂教学中的突发意外资源

历史课堂教学是一个动态的、开放的、不断生成的过程,是向未知方向挺进的旅程,随时都有可能出现意外的通道和美丽的风景。由于主观原因或客观原因,历史教师会在课堂中面对各种类型的意外,因此教师可以根据历史教学目标的需要,变历史教学意外为历史教学资源。具体操作策略如下:

1.把握意外,拓展历史课程资源

新课程理念下的历史教学不能拘泥于预设的教案,生成性教学既关注历史课堂教学过程,也关注历史课堂教学结果,在历史教师的精心组织下,学生困惑的问题、暴露的错误、创新的思路甚至课堂偶发事件等,都能转化为丰富多彩的历史动态教学资源。历史课堂上,教师应该敏于捕捉学生学习过程中的意外,善于发现意外背后蕴藏的教育价值,给学生思考的空间、表达的机会。

2.处理意外,生成历史教学资源

历史课堂是鲜活的、动态的,是师生共同成长的生命历程。然而,鲜活的历史课堂必定会给历史教师带来前所未有的挑战,即不可避免地遭遇一次又一次的意外。如何处理这些突如其来的意外?这就需要历史教师有沉着冷静的心理和从容应变的机智。历史课堂在教师引导、学生合作探究、情境熏陶等外界刺激下,能使学生保持一定时间的高质量的学习效果。

3.利用意外,开发历史教学资源

新课程理念下的历史课堂教学,随着学生主体性、自主性的增强,学生质疑、反驳、争论的机会大大增多,因此学生难免在历史学习中出现意外或错误。这些意外或错误其实是一种来自学生本身的具有特殊教育作用的历史学习材料。历史教师可以通过生动、具体的历史课堂教学情境来认识、判断和捕捉这类意外，并加以合理开发和利用，这对于激发学生的学习兴趣、唤起学生的求知欲、促进历史课堂教学生成具有特殊的作用。在历史课堂教学中，历史教师充分运用学生的新想法、新问题、新思维，不但可以拓展历史课程资源研究的内容，促进历史课程资源理论研究与历史教学实践的结合，也有助于历史课堂教学的推进，犹如枯木上发出的新枝，让人充满希望、充满激情，给历史课堂带来勃勃生机，带来更多精彩。

4. 巧设意外，创造历史课堂生成性资源

课堂应是向未知方向挺进的旅程，随时都有可能发现意外的通道和美丽的风景，而不是一切都必须遵循固定的路线。为了增强历史教学的有效性，教师在历史教学设计中可以留出"弹性时空"，对过程多做假设，形成弹性化方案，为学生留足自主、自由思维的时间和空间。教师也可预设意外，创设情境，让学生来辨别与分析。在历史课堂教学中，教师可以充分发挥学生学习历史新知识的主动性和积极性，使学生能够"有话就说，不怕说；有疑就问，不怕问"，将历史课堂的话语权还给学生，鼓励和引导学生积极交流、大胆质疑、努力创新，从而用好教学意外。

当然，并不是所有历史课堂教学的意外都可以作为历史教学资源加以利用，也不是所有可以作为历史教学资源的事件都要当堂处理。动态资源是否可以当堂利用，要看其是否服从和服务于本课的教学目标。历史教师只要用心去经营课堂，巧妙把握课堂上的意外，积极面对意外，化被动为主动，就能使历史课堂教学充满活力，让学生的灵性得以真正释放，让历史课堂教学大放异彩。

总之，历史教师要善于整合学科资源，激发学生学习的兴趣，培养学生学习的能力，提升学生的综合素质。这也是新课改的基本要求。

五、加强思维导图的合理运用

（一）思维导图的作用

通过思维导图构建历史知识体系，有助于学生形成通史观念，培养学生的发散思维,激发学生的学习兴趣以及提高学习效率。思维导图的作用具体体现在以下四个方面。

1.使学生从整体上把握历史知识结构

不管是绘制单元思维导图还是新课思维导图,学生都要先浏览所有内容才能找出关键词,然后根据关键词和一定的逻辑关系对本单元或本课相关的知识点进行分类,最后构建整体知识框架。

2.提高课堂教学效率

历史课主题鲜明,但有时候时间跨度大,学生难以理清时间关系,此时一张形象的思维导图便能解决这个难题。

3.培养学生的创造性思维

制作思维导图的格式不需要统一,学生可以开动大脑,自由发挥。学生可以按照自己对知识内容的理解制作具有特色的导图,教师要尊重学生的个性化设计,这有助于促进学生的个性化发展,培养学生的自主学习意识与能力。

4.培养学生的合作学习意识

学生自制思维导图后,为了避免学生思考的不足,教师可让学生在制作完思维导图后与同学互换并进行探讨,学习对方的优点,指出对方的缺点,之后完善自己的导图,这有助于培养学生的合作学习意识与团结精神,也有助于活跃课堂氛围。

(二)思维导图的应用步骤与策略

1.应用步骤

将思维导图融入历史课堂,使学生拥有更多的自主学习时间和思考空间,使其主动参与知识体系的构建,有利于提高他们的学习能力。思维导图在历史课堂中的应用步骤如下:

(1)课堂教学导入

教师在历史新课教学中,需要先设计一个教学导入环节,导入的方法有很多,如故事导入、图片导入、情境导入、古诗导入等,教师可按照需要选择具体的导入方式。导入环节是新课的开始,好的开始等于成功的一半,导入的效果对思维导图的应用也有直接影响。导入环节一定要激发学生的学习兴趣和欲望,使其以饱满的精神状态进入正式学习环节。

（2）制作思维导图

教师要引导学生在制作思维导图时,围绕主要学习内容从整体上把握课程脉络。学生一般都是按照自己对知识的理解制作导图。常见的导图制作方式如下:

第一,学生参考教师的导图框架,在此基础上补充与完善,形成自己的思维导图。

第二,学生阅读教学内容,查找参考资料,找出关键词,然后围绕关键词制作导图。

第三,教师将学生划分成若干学习小组,让各小组分别负责一个关键词的内容,然后再将所有内容整合起来制作导图。

（3）交流讨论、展示导图

在学生交流讨论时,教师应参与旁听,适时指正,帮助学生纠正不足。对于思路清晰、结构完整的导图,教师可鼓励制作者向同学分享成果,并让其他同学学习其经验,也可以让其他同学进一步补充与完善该导图,使学生发挥主动性与创造性。

（4）评价标准

思维导图的评价标准主要有四条:第一,结构完整度;第二,内容清晰度;第三,逻辑关系准确度;第四,样式多样性。这四条标准相对独立,但相互影响,要综合起来对思维导图进行客观、全面的评价。

2.应用策略

思维导图在历史教学中的应用策略如下:

（1）构建整体知识脉络,抓住关键词

新课题下的新课导读是对整节内容的总体介绍,可帮助学生在正式学习新课之前熟悉新内容。但因为学生的思维能力和思辨能力不够强,看完导读也不会有很深的印象,甚至完全不读导读内容。对此,教师要让学生多关注导读,从宏观上把握对新课、新单元和新主题的整体知识,并为制作思维导图奠定基础,然后抓知识点,最后修正、完善导图,构成知识框架,方便记忆和随时提取需要的知识。

（2）不断激发学生的想象力和逻辑思维能力

思维导图和大脑思考方式具有一致性,都有发散的特点。思维导图是用鲜明的颜色、形象的图片将大脑思维过程可视化。将思维导图运用到历史课上,既有利于提高课堂效率,给学生更多的自主学习时间,又有利于发挥学生的主观能动性,使学生发散思维,制作具有自己特色的思维导图。在这个过程中,学生学习的积极性不断提高,学习兴趣也不断增强。因而教师在利用思维导图时,要有目的地多使用引导法,如构建一个事件的主体框架,让学生发散思维去补充其他缺少的部分。

（三）思维导图应用的注意事项

在历史教学中,思维导图作为一个重要的辅助工具,既好用又有效,往往能够起到事半功倍的教学效果,但如果对这一辅助工具运用不合理,不仅达不到预期效果,反而会对历史课堂教学活动的正常开展造成阻碍。为提高思维导图在历史课上的应用效果,需注意以下几点:

首先,思维导图的主题词和次主题词之间的关系非常密切,也就是说,思维导图上的知识点之间都是密切相关的,存在一定的逻辑关系。在正式上课之前,教师要避免将自己已经制作好的思维导图完全展示给学生,会对学生自主思考的积极性造成影响。如果学生缺乏独立思考能力,只是被动接受教师的思维导图,那么他们很难掌握导图中的知识点,也难以理解各知识点之间的联系,最终导致记忆不清晰、不深刻。历史教师想要利用思维导图来活跃课堂氛围,提高课堂教学效果,就要尽可能利用多媒体将思维导图制作成可以手动播放的样式,这样就不必将整个导图呈现给学生,只选取需要呈现的一部分播放即可。此外,历史教师可以先不制作完整的思维导图,而是将框架确定下来,留出空白让学生通过自主思考来进行填充;也可以在课堂上对学生制作思维导图进行现场指导,先让学生阅览教学内容,将关键词找出来,总结内容概要,再在此基础上对思维导图进行绘制。如果学生单独完成思维导图有些吃力,可采用小组合作的方式进行制作,这样各小组成员都能充分发挥自己的主观能动性,积极参与到小组活动中,最后各小组相互交流、学习,教师再对各小组的制作成果进行评价,并给出指导意见,鼓励各小组学生进一步完善思维导图。

其次,思维导图这种思维可视化工具的制作没有固定的形式与结构,灵活性很强,制作者可将颜色丰富的线条和直观形象的图片加入其中。但要注意的是,教师要引导学生不能将过多的注意力与精力放在对有色笔的选用或者对图片图像的美化上,否则他们会认为选用颜色和美化图片才是制作思维导图的重点,但事实是导图中内容的逻辑性与准确性才是重点,使用色彩线条和图形图像只是为了突出重点,锦上添花。制作思维导图本身就不能拘泥于单一的形式,所以教师要尊重学生的个性和多样性,鼓励其多动脑、多思考,设计既有准确性、逻辑性又具有个性化色彩的思维导图。

最后,不同学生对同一历史现象或历史事件的看法或理解可能不同。学生会按照自己的认识与理解去制作思维导图,认识与理解不同,制作的思维导图也必然具有差异性。教师一方面要尊重学生的个性化特征,另一方面也要避免学生为了突出个性而随意进行制作思维导图。虽然对于思维导图优劣的评判没有统一的标准,但教师至少要提出一些基本的要求,如内容正确、与关键词联系密切、各部分内容之间逻辑合理等,这样就能避免学生制作思维导图的盲目性。

参考文献

[1]杜文星.中学历史教学与传统文化研究[M].长春:吉林出版集团股份有限公司,2020.

[2]高怀举.中学历史教学思想与方法[M].济南:山东教育出版社,2023.

[3]胡文平.基于学科核心素养的中学历史课堂教学新常态的实践探索[M].延吉:延边大学出版社,2020.

[4]黄牧航,张庆海.中学历史学科核心素养的教学与评价[M].北京:人民教育出版社,2020.

[5]焦非非.学科核心素养导向的中学历史教学[M].广州:华南理工大学出版社,2018.

[6]鞠涛.新课程背景下中学历史的教学策略研究[M].延吉:延边大学出版社,2020.

[7]刘宏法,朱启胜,王昌成.基于核心素养的中学历史教学探索[M].芜湖:安徽师范大学出版社,2022.

[8]刘洪生,汪琪,林泽.大概念统领下的中学历史深度学习实践研究[M].广州:广东南方日报出版社,2022.

[9]刘相.核心素养导向的中学历史教学[M].北京:九州出版社,2021.

[10]楼卫琴.中学历史批判性思维教学[M].桂林:广西师范大学出版社,2019.

[11]商国策.中学历史教学设计与案例研究[M].北京:光明日报出版社,2018.

[12]肖云岭,黄志强,张永建.中学历史教学技能训练教程[M].南昌:江西高校出版社,2022.

[13]徐亮,石洁,吴鹏超.中学历史教学教法新探索[M].青岛:中国海洋大学出版社,2018.

[14]于以传.中学历史单元教学关键环节例说[M].上海:华东师范大学出版社,2019.

[15]袁平.形式逻辑与中学历史教学研究[M].北京:现代出版社,2021.

[16]张峰.中学历史教学与教学改革研究[M].哈尔滨:东北林业大学出版社,2018.

[17]张克州.中学历史核心素养的理论与教学实施[M].苏州:苏州大学出版社,2022.

[18]张胜平.基于深度学习的高中历史教学研究[M].杭州:浙江大学出版社,2021.

[19]张鑫,徐小田,白玲玲.中学历史史料教学研究与实践[M].哈尔滨:哈尔滨工程大学出版社,2018.

[20]张玉德.中学历史史料教学研究与实践[M].长春:吉林人民出版社,2018.

[21]赵玉洁.中学历史教学中运用历史细节的模式研究[M].长春:东北师范大学出版社,2018.

[22]郑婷婷.基于深度学习的历史问题链教学研究[M].北京:九州出版社,2020.

[23]陈海艳.基于深度学习的中学历史教学策略[J].科普童话,2023(48):136-138.

[24]代宁华.史学阅读与中学历史教学的深度融合:以"改革开放"决策的出台为例[J].中学历史教学研究,2016(3):71-74.

[25]戴世锋.基于馆校深度合作的中学历史教学探讨[J].中学教学参考,2019(1):1-3.

[26]高生鹏.深度学习视角下中学历史主题教学策略研究[J].科学咨询（教育科研）,2022(5):236－238.

[27]高生鹏.深度学习视角下中学历史主题教学设计:以部编版中学历史为例[J].新课程,2020(49):16－17.

[28]关娴娴,李明泽.指向深度学习的中学历史常识教学策略研究[J].现代职业教育,2019(35):300－301.

[29]贾雪枫.中学历史课堂:深度教学引导深度学习——基于《三国鼎立》教学的思考[J].教育视界,2020(1):61－65.

[30]乔丽军.中学历史深度教学的制约因素及其破解[J].教学与管理（中学版）,2022(1):60－62.

[31]王秀敏.史料教学在中学历史深度学习中的应用研究[J].中华活页文选（高中版）,2022(12):106－108.

[32]吴彬彬,张丽云.深度学习视角下中学历史教学策略探究[J].高考,2019(24):61.

[33]徐涛.新课标背景下中学历史教学引导学生深度学习的策略探究[J].中华活页文选（高中版）,2022(2):127－129.

[34]姚锦.基于学情确定的中学历史课堂深度教学目标[J].高等函授学报（哲社版）,2012(5):17－19.

[35]周永杰.基于历史核心素养的中学历史深度教学研究[J].黑龙江教师发展学院学报,2023(10):103－105.